UNIVERSITE JEAN MOULIN

Faculté de Droit

Institut d'Etudes Judiciaires

XXIIIème Colloque des Instituts d'Etudes Judiciaires

LYON - Vendredi 19 et Samedi 20 novembre 1999

L'exécution

Avec le concours de

CONSEIL GENERAL DU Rhône

EDITIONS DU JURIS-CLASSEUR

L'Harmattan
5-7, rue de l'Ecole Polytechnique
75005 Paris
FRANCE

L'Harmattan Inc.
55, rue Saint-Jacques
Montréal (Qc)
CANADA H2Y 1K9

L'Harmattan Hongrie
Hargita u. 3
1026 Budapest
HONGRIE

L'Harmattan Italia
Via Bava, 37
10214 Torino
ITALIE

ISBN : 2-7475-0969-9

L'exécution n'est pas un thème très nouveau, bien que des réformes récentes aient attiré l'attention sur son intérêt qui n'est pas seulement pratique, mais aussi théorique.

Ce colloque propose un regard particulier sur un thème classique. On n'y entendra guère parler de ce à quoi on pouvait s'attendre. Mais si les interventions sortiront un peu des sentiers battus, le débat permettra à chacun d'exprimer les difficultés auxquelles sa pratique le confronte et, on l'espère, d'y trouver une solution.

Les travaux publiés sont à jour au 20 novembre 1999.

VENDREDI 19 NOVEMBRE 1999

MATIN

- Rapport introductif : la notion d'exécution (Philippe THERY, Professeur à l'Université Paris II)

- L'exécution en droit allemand (Frédérique FERRAND, Professeur à l'Université Lyon III)

- L'exécution en droit italien (Giuseppe TARZIA, Professeur à l'Université de Milan)

- Problèmes actuels des voies d'exécution civile en droit hellénique (Konstantinos D. KERAMEUS Professeur de procédure civile à la Faculté de Droit de l'Université d'Athènes, Président de l'Académie Internationale de Droit Comparé)

- La convention de Bruxelles II : la reconnaissance et l'exécution des décisions en matière matrimoniale (Alégria BORRAS, Professeur à l'Université de Barcelone)

APRES-MIDI

- L'exécution des sanctions pénales patrimoniales (Jean CEDRAS, Professeur à l'Université de La Rochelle)

- Transaction et médiations pénales : les difficultés d'exécution (André VARINARD, Professeur à l'Université Lyon III)

- L'exécution en contentieux administratif (M. Daniel CHABANOL, Conseiller d'Etat, Professeur associé à l'Université de Saint-Etienne)

SAMEDI 20 NOVEMBRE 1999

MATIN

- Exécution des contrats et exécution des décisions de justice (Pascal ANCEL, Professeur à l'Université de Saint-Etienne)

- Rapport de synthèse (Jacques NORMAND, Professeur à l'Université de Reims)

Vendredi 19 novembre 1999
Matin

sous la présidence de Mme Marie-Claire RIVIER,
Professeur à l'Université Jean-Monnet (Saint-Etienne)

Rapport introductif : La notion d'exécution

par Philippe THERY
Professeur à l'Université Paris II

Deux simples mots, notion, exécution, dont on aimerait qu'ils fussent simples. Pourtant, l'auteur d'une thèse connue a estimé nécessaire de consacrer des développements substantiels à "la notion de notion"[1] et il n'est guère rassurant d'y lire que "la notion de notion est particulièrement délicate à cerner", parce que "ce mot est un outil de sa propre connaissance". Moins encore que Gény voyait dans la notion juridique le plus haut degré de développement auquel aspire l'esprit juridique. Toutefois, il est précisé ensuite que l' étude d'une "notion" n'impose pas seulement de se mouvoir dans la sphère de la spéculation pure, mais de partir de la réalité, pour y mieux revenir. Ce mouvement a quelque chose de rassurant : peut-être, comme Antée, retrouvera-t-on des forces au contact de la réalité, pour ensuite s'en dégager.

---

[1] Charles Jarosson, La notion d'arbitrage, 1987.

L'exécution est une réalité. Est-il permis de dire qu'elle n'est pas aisément saisissable ? L'étymologie ne nous aide guère, tant la signification du verbe *exsequor*, comme de ses dérivés, est large : aller jusqu'au bout, poursuivre -y compris en justice- venger même... Orientations qui demeurent vagues, même si dans l'exécution, on trouve un peu de tout cela. Si vagues, d'ailleurs, que le Vocabulaire juridique trouve à l'exécution trois sens principaux : accomplissement par le débiteur de la prestation due, en renvoyant au paiement, application (d'une convention ou d'un acte) et sanction, au sens de coercition, avec un renvoi aux voies d'exécution...Le Vocabulaire nous révèle encore que le mot ne paraît s'animer que flanqué d'un adjectif ou d'un complément. Or, à s'en tenir strictement au sujet, cette aide fait défaut.

La tâche en eût pourtant été facilitée : l'exécution peut être volontaire ou forcée, en nature ou par équivalent, individuelle ou collective, publique ou privée, provisoire ou définitive ; il y a l'exécution des peines (dont feu l'exécution capitale), l'exécution des jugements, à laquelle Hébraud a consacré un profond article[1], ou plus largement, l'exécution des titres exécutoires. Il y a même, dit-on, des exécutions sauvages...De tout cela, on peut avoir quelques notions, mais ce n'est pas le sujet : l'exécution et seulement elle, dans une nudité qui paradoxalement ne la dévoile guère.

Vouloir fédérer toutes ces manifestations de l'exécution, ce sera sans doute s'arrêter au plus grand commun dénominateur. Sans hardiesse excessive, on verra que l'on peut lier l'idée d'exécution à celle de satisfaction du créancier. Créancier entendu au sens large : ne dit-on pas du condamné qu'il acquitte sa dette envers la société ? Ce n'est évidemment qu'une image, d'ailleurs révélatrice de la difficulté d'intégrer le droit pénal dans les développements qui suivent. Du droit

---

[1] L'exécution des jugements civils, RIDC. 1957, p. 170 et s.

pénal, on dit volontiers qu'il est discontinu : voilà une excuse pour n'en parler que de proche en proche. Ce n'est qu'en droit civil *-lato sensu-* et en droit public que l'idée correspond à une réalité : je paie ma dette d'impôt ou d'aliments ; je délivre la chose que j'ai vendue, j'exécute l'œuvre d'art qui m'a été commandée, exécution qui est, à la fois, l'exercice de mon art et le paiement de l'obligation que j'ai contractée.

Insistons un instant sur les obligations, pour justifier que l'exécution doive être envisagée comme la satisfaction du créancier. En effet, l'obligation, comme dans le sketch de Raymond Devos, a deux bouts : celui du créancier et celui du débiteur. Il est donc permis d'hésiter : l'exécution, est-ce la satisfaction du créancier ou l'accomplissement par le débiteur de sa prestation ? En général, l'un ne va pas sans l'autre. Mais, la règle n'est pas absolue : le paiement d'une somme d'argent peut être effectué par un tiers (art. 1236 C.civ.) et l'article 1237 du Code civil, interprété *a contrario* laisse entendre qu'une obligation de faire peut être exécutée par un autre que le débiteur lui-même. Le créancier peut être satisfait, sans que le débiteur se soit exécuté. Conservons l'acception la plus large : l'exécution se traduit par la satisfaction du créancier ou, plus généralement, de celui qui a gagné un procès[1]. Mais, cette exécution peut n'être pas volontaire. Le droit fournit alors les moyens de contrainte. Voilà une idée simple : l'exécution peut être volontaire ou forcée. Elle peut même être forcée dans les deux sens. A penser, assez naturellement, au créancier, on oublie que le débiteur peut aussi lui imposer un paiement forcé, par le moyen des offres réelles. L'exception demeure cependant mineure, à la fois parce qu'elle ne concerne que le paiement des sommes d'argent et que le créancier sera trop content de recevoir ce qui lui est dû. Abandonnons ici le débiteur.

---

[1] La question a donné lieu à une abondante littérature qu'il serait à la fois difficile et inutile de prétendre citer de manière exhaustive. On peut renvoyer à l'ouvrage classique de Mme. M-E. Roujou de Boubée, Essai sur la notion de réparation, LGDJ 1974 et, récemment, P. Grosser, Les remèdes à l'inexécution du contrat : essai de classification, th. multigraph. Paris I, 2000.

Cette apparition de la contrainte -qui, d'après les définitions classiques, est de la nature du droit-, renvoie à une nouvelle question : qu'exécute-t-on ? Des obligations.? Sans doute, mais pas nécessairement. Des décisions de justice et plus largement, des titres exécutoires ? Certainement. En France, l'exécution est une chose trop sérieuse pour la laisser aux personnes privées : vengeance ou exécution privées sont révolues et l'Etat joue un rôle central.

L'exécution, on le constate, touche au fond et à la forme, ce qui pourrait expliquer son ambiguïté parce que la notion varie selon l'angle d'observation. Par exemple, Philippe Rémy voit dans la condamnation à dommages-intérêts consécutive à l'inexécution contractuelle une "exécution forcée"[1]. La formule est intelligible pour un spécialiste des contrats, publics ou privés. Pourtant, elle sonne étrangement aux oreilles de ceux qui s'intéressent au droit de l'exécution forcée, qui ne manqueront pas de faire remarquer que cette "exécution forcée" laisse encore la place à un paiement volontaire, le débiteur pouvant s'acquitter spontanément de la dette mise à sa charge.

La Cour européenne, qui a prolongé le droit au procès équitable par un droit à l'exécution, est-elle, en la circonstance, de quelque secours ? L'arrêt Hornsby, parce qu'il s'agissait de l'exécution d'un jugement, aurait pu faire pencher du côté de la procédure. Mais, l'arrêt Estima Jorge, qui a étendu ce droit à un acte notarié réintroduit la perplexité. Où ce droit à l'exécution puise-t-il son principe ? Un fondement immédiat peut être trouvé dans l'existence de la formule exécutoire. Mais, le droit à l'exécution n'est-il pas en germe dans la force obligatoire du contrat ou dans le droit consacré par le jugement ?

---

[1] La "responsabilité contractuelle", histoire d'un faux concept, RTDCiv. 1997, p. 323.

Chacun a déjà senti la difficulté de définir la notion d'exécution, mais il faut bien s'exécuter. Plutôt que de disséquer la notion d'exécution ou de l'étudier comme un phénomène isolé, peut-être en aura-t-on une vue plus claire si on la confronte à ces deux grands pans du droit que nous avons rencontrés dans cette introduction : le droit substantiel et la procédure.

I. EXECUTION ET DROIT SUBSTANTIEL.

La guerre, disait Clausewitz, est la continuation de la diplomatie par d'autres moyens. L'exécution forcée pourrait-elle être la continuation de l'exécution par d'autres moyens ? La lecture des ouvrages de droit des obligations pourrait inciter à une réponse positive : l'exécution relève de la théorie générale des obligations. Evident pour le paiement, entendu dans son sens le plus large d'exécution volontaire d'une obligation, ce classement paraît aussi admis pour l'exécution forcée, à laquelle sont toujours consacrés quelques développements de principe. Il faut accepter de faire ici une impasse temporaire sur le droit pénal qui n'assure pas l'exécution d'obligations préexistantes mais sanctionne des infractions. Ce n'est pas que le droit pénal ne puisse jouer un rôle dissuasif, mais ce rôle n'assure l'exécution d'une obligation préexistante que d'une manière exceptionnelle (le paiement des dettes d'aliments à cause du risque d'abandon de famille, par exemple). L'effet dissuasif du droit pénal relève d'ailleurs du fait : il n'y a pas d'obligation de ne pas commettre d'infraction.

Si l'on fait retour à l'obligation, on est alors conduit à se poser une première question : existe-t-il une différence de nature entre le paiement et l'exécution forcée ? Quelle que soit la réponse que l'on y apporte, on constatera que les liens de l'exécution forcée et du droit substantiel demeurent très étroits.

A. NATURE DE L'EXECUTION FORCEE.

On pourrait, en restant à la surface des choses, constater leur parenté. Même dans l'exécution forcée, on espère encore le paiement, l'exécution volontaire. La vente amiable, de droit dans les procédures régies par la loi du 9 juillet 1991, mais inspirée des pratiques observées dans la saisie immobilière, l'autorisation de paiement que peut toujours donner le débiteur dont les créances sont saisies, la remise volontaire du bien dans la saisie-appréhension révèlent que la frontière est difficile à tracer. Mais, faut-il même la tracer ?

Nicole Catala le pense : "l'exécution forcée est, à coup sûr, la plus éloignée d'une exécution véritable"[1], parce que, dit-elle, le créancier peut se voir contraint de recevoir autre chose que la prestation à laquelle il avait droit. Est-ce si convaincant ? Lorsque la prestation convenue consiste à verser une somme d'argent, le créancier obtient ce qu'il attend aussi bien du paiement que de l'exécution forcée. Surtout, lorsque la prestation attendue est d'une autre nature, n'est-ce pas le droit substantiel qui gouverne cette possible substitution d'un objet (les dommages-intérêts) à un autre (la prestation due). En ce sens, on invoquera la caution de P. Catala et de F. Terré : "le choix du mode d'exécution -en nature ou par équivalent- relève du droit civil"[2]. Aussi, le créancier qui obtient un jugement condamnant le débiteur à des dommages-intérêts recevra-t-il la même satisfaction par un paiement ou par une exécution forcée. N'est-ce pas ce que dit la chambre commerciale pour justifier le droit de poursuite des créanciers de l'article 40 : "le droit d'être payé à l'échéance est indissociable du droit

---

[1] La nature juridique du paiement, p.19.

[2] Procédure civile et voies d'exécution, p. 439.

d'exercer des poursuites"[1]. La possibilité d'agir en répétition de l'indu aussi bien après un paiement volontaire qu'après une mesure d'exécution (art. 45 al. 3 de la loi de 1991) atteste aussi cette identité de nature.

Quoi qu'il en soit de cette discussion, les liens entre exécution et droit substantiel demeurent étroits.

B. MODALITES D'EXECUTION ET DROIT SUBSTANTIEL.

Les rapports entre exécution et droit substantiel se manifestent à un triple point de vue : l'exécution trouve sa cause dans l'obligation ; ensuite, les formes de l'exécution ainsi que ses techniques subissent l'influence du droit substantiel.

1) Le titre qui sert de fondement à l'exécution ne fait souvent que constater une obligation préexistante (créance d'impôt, créance civile). Cette obligation constitue alors la cause de l'exécution. "Tout paiement, précise l'article 1235 du Code civil, suppose une dette". A quoi répond, dans le droit de l'exécution forcée, l'expression "causes de la saisie", utilisée pour désigner la créance du saisissant. La cause doit être entendue, en l'espèce, comme la cause efficiente de l'exécution, qu'elle soit volontaire ou forcée. Aucune exécution n'est concevable en l'absence d'obligation. Bornons nous à en donner trois exemples :

[1] Com. 25 juin 1996, D. 1996, 615, note Derrida.

- Une caution est condamnée à payer le créancier par une décision définitive. Ultérieurement, le créancier omet de déclarer sa créance dans la procédure collective ouverte contre le débiteur, de sorte que la créance principale est éteinte. Le titre exécutoire ne peut plus être utilisé contre la caution[1].

- Une décision est assortie d'une astreinte. La décision est infirmée ou cassée. L'astreinte, en tant qu'elle constitue une contrainte, devient dépourvue de cause. Si l'astreinte a été liquidée ou payée, elle devra être restituée.

- Après une saisie-attribution, le titre du créancier est mis à néant. La mesure d'exécution forcée se trouve privée d'effet[2].

La finalité de l'exécution, qui est de satisfaire le créancier, en détermine les limites, qui sont celles de l'obligation. C'est d'ailleurs pourquoi l'on peut concevoir quelques doutes sur le prétendu principe de proportionnalité que certains auteurs entendent tirer de l'article 22 de la loi de 1991. Ce texte vise le paiement. Or, l'objet du paiement, c'est ce qui est dû, ni plus ni moins.

2) Les formes que peut emprunter l'exécution sont aussi largement tributaires du droit substantiel.

- Pour un créancier, la meilleure des hypothèses est celle d'une exécution automatique. Sans même parler de l'obligation de donner dont l'existence est contestée par beaucoup, on trouve cette exécution automatique dans la compensation, dans les jugements qui tiennent lieu d'acte de vente et dans beaucoup de décisions en matière extra patrimoniale (divorce, nullité de

---

[1] Com. 5 déc. 1995, Bull.civ. IV n° 277.
[2] Civ. 2, 21 janv. 1998, Bull.civ. II n° 24 ; RTDCiv. 1998, 484, obs. Perrot.

mariage, action en recherche de paternité, jugement déclaratif de décès...). Il faudrait y joindre toutes les décisions de débouté, auxquelles, en matière pénale, on peut assimiler la relaxe et l'acquittement : toutes ces décisions opèrent un retour au *statu quo ante*, tel que le fixe le droit substantiel.

- On a dit plus haut que le choix de l'exécution en nature ou par équivalent dépendait du droit substantiel. C'est que tout part ici de l'article 1142 du Code civil. Evoquons seulement, à propos de ce texte, le curieux chassé-croisé entre chambres de la Cour de cassation. Tandis que les chambres civiles deviennent plus frileuses (en matière de promesse de vente par exemple), la chambre sociale s'enhardit en étendant l'obligation de réintégration des salariés licenciés irrégulièrement. Le droit substantiel, il est vrai, s'est trouvé puissamment épaulé par ce procédé de contrainte que constitue l'astreinte. Où serait l'utilité d'un jugement ordonnant l'exécution en nature si l'astreinte ne venait en assurer l'efficacité ? Mais, il faut aussi admettre que l'invention de l'astreinte eût été inutile si l'article 1142 était appliqué à la lettre. Ce développement de l'astreinte met toutefois en relief une différence sensible entre l'exécution volontaire et l'exécution forcée : si toute obligation est, par définition, susceptible d'exécution volontaire, l'exécution forcée n'en est pas toujours possible. On peut, disent les Anglais, conduire un cheval à la rivière, mais on ne peut le forcer à boire. L'exécution forcée ne connaît qu'exceptionnellement l'exécution en nature (expulsion, saisie-appréhension). L'astreinte, à côté d'autres procédés d'exécution indirecte, comble, dans une certaine mesure, cette différence de domaine.

- La même observation pourrait être faite à propos des procédés de satisfaction "à l'identique" (remplacement, art. 1143 et 1144 du Code civil), dans lesquels le créancier est satisfait par un autre que le débiteur, au moyen de procédés qui relèvent du droit substantiel[1].

3) Enfin, les techniques de l'exécution forcée elles-mêmes traduisent cette influence. Dans une vue délibérément paradoxale, on pourrait soutenir que toute exécution se ramène à une exécution volontaire. Lorsque j'exécute sous la menace d'une astreinte, je paye. Les circonstances sont accidentelles : le fait de l'exécution volontaire demeure inchangé. Poussons le paradoxe : si un créancier fait vendre un de mes biens, la vente diffère-t-elle beaucoup de celle que je pourrais consentir volontairement pour utiliser le prix à payer mes dettes ? Dans la vente sur saisie, le vendeur est le débiteur et l'adjudicataire ne reçoit pas plus de droits que n'en avait le vendeur. Le paradoxe doit cependant être consommé avec modération. Dans la saisie, la vente n'est pas tout. Il ne faut pas négliger la main de justice qui s'abat sur le bien du débiteur.

Dans tout paradoxe, on trouve quand même une part de vérité. L'exécution forcée peut bien être l'expression de la contrainte, mais son efficacité tient souvent à son aptitude à se couler dans les formes de l'exécution volontaire. A preuve, la saisie-attribution qui n'est qu'une cession de créance dans laquelle l'ordre de la loi supplée la volonté du débiteur ou encore l'article premier de la loi du 16 juillet 1980 qui, à défaut d'exécution volontaire dans les quatre mois de la décision condamnant l'Etat, laisse entendre en substance que cette décision "vaut" ordonnancement de la dépense : "révolution en droit financier" (P. Delvolvé) ; changement "immense" (F. Llorens), "inouï" (J. Foyer). Pourtant, ordonnancement légal ou ordonnancement volontaire, la différence est-elle si grande au regard des finances publiques ? Il fallait sans doute être habitué de longue date à ce que l'Etat ne puisse être

[1] Conclusion d'un contrat avec un tiers. Sur la question, v. E. Jeuland, La substitution de personnes dans un rapport d'obligation, Th. Rennes.

contraint à payer pour perdre ainsi de vue que le judo peut être préférable à la lutte.

En substance, l'exécution forcée n'est donc pas très différente de l'exécution volontaire, sinon par les formes qu'elle emprunte, lesquelles nous amènent à la procédure.

II. EXECUTION ET PROCEDURE.

"Pour obtenir la justice, il faut la réclamer ; on doit ensuite instruire le juge de la justice de sa prétention ; lorsqu'il est éclairé, il doit décider ; enfin, si le condamné ne veut pas exécuter cette décision, il faut l'y contraindre. La procédure est donc composée de quatre parties principales : la demande ou réclamation, l'instruction, le jugement et l'exécution du jugement" (Pigeau) : l'exécution, c'est l'après-jugement. On peut douter pourtant que les rapports de la juridiction et de l'exécution soient aussi simples, d'autant que l'expression "procédure" d'exécution n'a qu'un rapport lointain avec la "procédure" entendue en son sens habituel.

A. EXECUTION ET JURIDICTION.

Pigeau nous décrit un schéma "classique" dans lequel le jugement ouvre à la partie condamnée une double voie : exécuter volontairement ou sous la contrainte. La description demeure exacte, mais elle est insuffisante. Si le jugement traduit le pouvoir éminent de l'autorité publique, il subsiste cependant des ilôts d'exécution privée qui, peut-être, pourraient se développer. Le jugement n'épuise pas non plus la variété des titres exécutoires ; or, l'époque serait assez au titre exécutoire extrajudiciaire. Enfin, la relation chronologique du jugement et de l'exécution est parfois brouillée par une imbrication plus ou moins profonde de l'exécution et de la juridiction.

1) "Nul ne se fait justice à lui-même". Le principe, incontesté, a pourtant laissé subsister des poches d'exécution privée. En se fondant par exemple sur les usages, pour l'exécution en bourse ou la contre passation, que l'on justifie par l'idée, bien commode, d'une clause résolutoire tacite affectant l'opération. La loi du 2

juillet 1996[1] reprend des principes assez voisins (art.52). Le comble de cette exécution privée, c'est qu'elle l'emporte sur l'exécution forcée, individuelle ou collective[2]. Le droit des sûretés offre aussi de ces possibilités d'exécution privée : droit de rétention ou réalisation du gage commercial (art.93 C. com.). Non sans conflit, parfois avec le droit de l'exécution forcée, comme l'ont montré les difficultés liées à la reprise des véhicules gagés[3].

Surtout, il se pourrait bien que les conventions internationales viennent ici jouer le cheval de Troie. Les commentateurs de l'arrêt de la première chambre civile du 13 octobre 1998[4], permettant de résoudre unilatéralement un contrat au risques et périls de celui qui en prenait l'initiative observent que la solution se trouve dans la Convention de Vienne sur la vente internationale, comme dans les principes élaborés par Unidroit ou par la commission Lando pour les contrats du commerce international. De même, l'avant projet de convention Unidroit relative aux garanties internationales portant sur des matériels d'équipement mobiles permet-il de recourir au pacte commissoire ou à la clause de voie parée pour des biens que le créancier ne détient pas [5].

2) On observe, ensuite, un développement des titres exécutoires extrajudiciaires. Laissons, en dépit de son importance pratique,

---

[1] Relative à la modernisation des activités financières.

[2] Ex. art. 47 de la loi du 9 juillet 1991, qui consacre la pratique de la contrepassation après une saisie. Voir aussi les dispositions de l'article 52 de la loi du 2 juillet 1996.

[3] V. les observations de R. Perrot, RTDCiv. 1994, 176.

[4] Notam. D. Mazeaud, rep. Defrénois 1999, p.374.

[5] F. Rongeat-Oudin, L'efficacité internationale des sûretés mobilières et l'unification du droit privé, Th. Paris Sud, p. 385 et s. Le texte prévoit des réserves. Seront-elles utilisées, si l'on observe que les parties seront toutes des opérateurs avertis du commerce international ?

l'acte notarié : "le notaire qui est historiquement *loco judicis* a la société derrière lui", relève Jean Carbonnier. Mentionnons seulement, au bénéfice de l'ancienneté, les titres que l'administration, largement entendue, se délivre à elle-même en vertu du privilège du préalable.

Mais, notre temps est celui du désengagement judiciaire. Le fait est particulièrement remarquable en matière pénale : amende, indemnité forfaitaire, transaction, classement sous condition, médiation ou réparation pénales constituent autant de substituts aux poursuites. Pour les deux dernières, elles supposent remplies des conditions (réparation du dommage, cessation du trouble causé par l'infraction, resocialisation du délinquant) qui coïncident avec les finalités de la peine et de la condamnation sur les intérêts civils. Derrière le retrait du juge, ne voit-on pas se dessiner une sorte d'exécution volontaire que l'on pensait incompatible avec les exigences du droit pénal ? Dans le cadre de la toute jeune composition pénale, le Procureur de la République propose des mesures auxquelles l'auteur de l'infraction est invité à donner son accord, et l'exécution de ces mesures éteint l'action publique (art. 41-2 nouveau du Code de procédure pénale). Le même effet est attaché au suivi d'une cure de désintoxication, non seulement lorsqu'elle est imposée par le parquet mais aussi lorsqu'elle résulte de l'initiative du délinquant lui-même (art. L. 628-1 du Code de la santé publique).

Les mêmes causes -engorgement de la justice- produisant les mêmes effets, ce phénomène d'évacuation affecte les rôles civils : la conciliation, la médiation, la transaction en dernier lieu, peuvent donner lieu à l'octroi d'un titre exécutoire ; idem pour le chèque impayé.

3) Dernier phénomène, enfin, l'imbrication plus ou moins étroite de la juridiction et de l'exécution.

- Cette imbrication peut être purement chronologique. Ainsi, le créancier qui a pris une mesure conservatoire devra, ensuite, obtenir un titre exécutoire pour la convertir en mesure d'exécution. Même chose pour la plupart des titres administratifs -lato sensu- qu'une contestation peut priver du caractère exécutoire dont ils sont dotés de série, si l'on peut dire, ou pour l'ordonnance d'injonction de payer, qui peut être contestée à compter du premier acte d'exécution, lorsqu'elle n'a pas été signifiée à personne. Ce renversement chronologique ne doit pas faire illusion : le créancier demeure, fondamentalement, demandeur même s'il n'a pas suscité le contentieux, avec toutes les conséquences qui en découlent, notamment pour la charge de la preuve.

- Elle peut être plus complexe lorsque la décision est directement tributaire du comportement ultérieur de la personne condamnée. Ainsi, le contentieux de la clause résolutoire débouche-t-il sur une alternative : ou le locataire paye l'arriéré et la procédure devient sans objet, ou il ne s'exécute pas, et la résiliation du bail fait apparaître le spectre de l'expulsion. En matière pénale, le juge peut ajourner la peine, sorte de "sursis à la condamnation" ou de "prélude à la dispense de peine". Les institutions sont assez voisines : bien que la violation du droit soit avérée (le locataire a méconnu ses obligations comme le prévenu a violé la loi pénale), le comportement ultérieur du locataire ou du prévenu permet d'en rester à une pure et simple constatation de cette violation, par une décision qui, dépourvue de ses conséquences ordinaires, en devient déclaratoire. Nouvelle irruption, notons le, de l'exécution "volontaire" en matière pénale.

- Cette imbrication se manifeste aussi à travers une observation moins juridique que sociologique. L'exécution peut chasser la juridiction : la conjonction du développement de l'exécution provisoire et de la possibilité de procéder à l'exécution forcée avec un titre exécutoire par provision peut dissuader de plaider davantage. Lorsqu'il n'est plus dilatoire, le recours est moins tentant. Telle est en tout cas, l'une des raisons avancées dans le rapport de M. Coulon en faveur de la suppression de l'effet suspensif de l'appel. En matière pénale, si la peine prononcée coïncide avec la durée de la détention provisoire, pourquoi prolonger le contentieux ? Il n'est pas nécessaire d'aller jusqu'à dire, comme l'avait fait une magistrat du parquet lors d'un précédent colloque des Instituts d'Etudes judiciaires, que la détention provisoire était l'exécution provisoire des juridictions répressives.

B. PROCEDURE ET PROCEDURE D'EXECUTION.

Malgré un emploi indifférencié, le mot "procédure" ne peut avoir la même signification selon que l'on envisage la *jurisdictio* ou l'*imperium.* La procédure civile, entendue comme celle qui mène au jugement, est tissée de l'égalité entre les plaideurs. Dans l'exécution, la procédure est surtout une garantie offerte au débiteur qui, parce qu'il doit, se trouve dans une situation d'inégalité, certes légitime, mais qui ne saurait tout permettre au créancier. La procédure permet d'éviter que l'exécution tourne à la vengeance.

Cette distinction de la *jurisdictio* et de l'*imperium* est essentielle pour les mesures conservatoires en droit international privé. La suppression du *forum arresti*, introduite en droit français par l'arrêt *Nassibian,* la met clairement en lumière : le juge français, qui peut autoriser une saisie sur des biens situés en France (*imperium*), n'est pas nécessairement compétent pour statuer sur les droits du créancier (*jurisdictio*)[1].

[1] Sur la question, Perrot et Théry, Procédures civiles d'exécution, n°39 et s.

Il faut donc reconnaître une autonomie de principe de la procédure d'exécution par rapport à la procédure du jugement. Si l'on excepte le cas des mesures conservatoires où l'exécution et la juridiction sont imbriquées, la césure s'opère après l'octroi de la formule exécutoire. La Cour de cassation l'a souligné en décidant que l'immunité d'exécution ne pouvait être invoquée par un Etat étranger pour s'opposer à l'exequatur d'une sentence arbitrale[1]. Le temps de l'exécution commence seulement ensuite, de sorte qu'il pourrait, en droit international privé, y avoir quelque impropriété à parler de la reconnaissance et de l'exécution des jugements alors qu'il ne s'agit jamais, dans ce dernier cas, que de leur conférer l'exequatur...

Quand l'exécution s'achève-t-elle ? Traditionnellement, on enseignait qu'elle s'achevait avec le paiement, ce qui conduisait à y intégrer les procédures d'ordre ou de distribution. La réponse est plus nuancée aujourd'hui[2].

---

[1] Civ. 1, 11 juin 1991, Rev. Crit. DIP, 1992.331, note P. L.

[2] En raison des dispositions des articles 54 et 60 de la loi de 1991. La Cour de cassation a décidé que la procédure de saisie-vente était achevée par la vente des biens (Civ. 2, 19 mai 1998, Bull.civ. II n° 161).

L'exécution en droit allemand

par Frédérique Ferrand

Professeur à l'Université Jean Moulin (Lyon III)
Membre junior de l'Institut Universitaire de France

INTRODUCTION

Généralités sur l'exécution forcée allemande - L'exécution forcée est envisagée dans le *huitième livre* du Code allemand de procédure civile (*Zivilprozeßordnung, ZPO*). Le livre premier de ce code est, lui, consacré aux dispositions générales, le livre deux à la procédure de première instance, le livre trois aux voies de recours (*Rechtsmittel*), le livre quatre à la procédure sur recours en révision (*Wiederaufnahme des Verfahrens*), le livre cinq au procès portant sur des actes authentiques ou des effets de commerce, le livre six aux procédures spécifiques en matière familiale, d'enfance et d'incapacité; le livre sept enfin réglemente la procédure d'injonction de payer (*Mahnverfahren*).

Le livre huit consacré à l'exécution forcée (*Zwangsvollstreckung*) se divise lui-même en cinq parties : la *première* (§§ 7O4 à 8O2 ZPO) contient des dispositions générales (et notamment la définition des concepts de décision exécutoire, d'autorité de chose jugée, et la réglementation de l'exécution provisoire); la *seconde* aborde l'exécution forcée pour créance de somme d'argent (§§ 8O3 à 882a) : il s'agit là de la partie la plus importante, car elle envisage aussi bien l'exécution forcée sur des meubles corporels ou incorporels que celle portant sur des immeubles; elle aborde également la procédure de répartition et l'exécution forcée à l'encontre des personnes morales de droit public. La *troisième partie* est consacrée à l'exécution forcée aux fins de remise d'une chose ou aux fins de provoquer une action ou une abstention (§§ 883 à 898). La *quatrième partie* concerne une des spécificités allemandes : la déclaration sous serment du débiteur sur l'état et la composition de son patrimoine (*eidesstattliche Versicherung*) et la prison pour dette (§§ 899 à 915). Enfin, la *cinquième partie* aborde les procédures d'urgence provisoires ou conservatoires (§§ 916 à 945).

Conditions générales de l'exécution forcée - Le livre huit du Code allemand de procédure civile réglemente, après l'exécution provisoire des décisions de justice, les conditions mêmes dans lesquelles une exécution forcée peut avoir lieu.. Il convient ici de signaler que le principe allemand en matière d'exécution provisoire est celui d'une exécution provisoire de droit moyennant la constitution de sûreté (*vorläufige Vollstreckbarkeit gegen Sicherheitsleistung*). Le *§ 709 ZPO* dispose en effet que "*les autres jugements doivent être assortis de l'exécution provisoire moyennant une sûreté correspondant à leur montant*"; le *§ 708*, lui, établit dans un premier temps la liste des jugements qui pourront être exécutés immédiatement sans constitution préalable de sûreté.

Le Code de procédure civile (ZPO) aborde les conditions *générales*, telles que celles qui sont relatives à la compétence des organes allemands : classiquement, seule la loi allemande sur l'exécution forcée est applicable sur le territoire allemand, et un titre étranger ne peut faire l'objet d'une exécution directe en Allemagne que s'il existe un jugement allemand d'*exequatur* ou une convention internationale bi- ou multilatérale. Pour la procédure d'exécution, la représentation par avocat n'est obligatoire que si le tribunal régional (*Landgericht*) est tribunal d'exécution[1], car auprès de lui s'applique la règle du monopole d'avocat.

Compétences - Quel est l'organe compétent pour intervenir en matière d'exécution forcée ? En Allemagne, les choses sont nettement plus compliquées qu'en France depuis qu'est intervenue la réforme des procédures civiles d'exécution par la loi du 9 juillet 1991 et le décret du 31 juillet 1992. Cette réforme française a en effet rassemblé le contentieux de l'exécution entre les mains d'un juge nouvellement créé, le juge de l'exécution[2]. En Allemagne au contraire, les

---

[1] Sur les différentes juridictions et organes susceptibles d'intervenir en Allemagne dans le cadre d'une exécution forcée, v. *infra* n° 5.

[2] Il existe certes encore quelques domaines spécifiques qui échappent à la compétence du juge de l'exécution, mais ils sont rares. Il s'agit essentiellement de la procédure de saisie des

compétences sont extrêmement disséminées : peuvent être *matériellement* compétents l'huissier de justice (*Gerichtsvollzieher*) - dont les prérogatives sont toutefois beaucoup plus restreintes que celles de son homologue français -, le tribunal (tribunal cantonal en principe en vertu du § 764 al. 1er ZPO - *Amtsgericht* - ou tribunal régional - *Landgericht* - dans l'hypothèse du § 93O al. 1er, qui vise les saisies conservatoires - *Arreste*-), ou encore l'office du livre foncier (*Grundbuchamt*). En ce qui concerne la compétence *territoriale* si l'huissier est compétent, sa compétence territoriale découlera de la loi sur les huissiers, qui établit des ressorts (*Bezirke*) de compétence pour ces derniers[1]. Si le tribunal est compétent, ce sera celui dans le ressort duquel l'exécution doit avoir lieu ou bien a eu lieu. Si le tribunal qui intervient n'est pas le bon (tribunal cantonal au lieu ou tribunal régional, ou bien incompétence territoriale de la juridiction qui statue) ou si l'huissier n'est pas territorialement compétent, la mesure ordonnée demeure valable, mais elle peut être attaquée par un recours spécial en vertu des §§ 766 et 793 ZPO[2].

Conditions spécifiques de l'exécution forcée - Trois conditions essentielles sont exigées par la loi allemande : un titre, une formule exécutoire et une notification dudit titre revêtu de la formule exécutoire. (Les principaux titres sont les jugements définitifs (*Endurteile*) émanant des tribunaux allemands, que ce soient des jugements partiels, par défaut ou de donné-acte Le jugement doit avoir un contenu exécutoire et être lui-même exécutoire (ce doit dont un jugement condamnant à prestation ou retenant la responsabilité d'une partie)[3]. Constituent également des titres exécutoires les transactions

rémunétations du travail, qui se déroule encore aujourd'hui devant le tribunal d'instance.

[1] En principe, l'huissier est rattaché à un tribunal cantonal et peut intervenir dans le ressort de ce dernier.

[2] Le § 766 ZPO envisage le cas où c'est l'huissier qui est intervenu. Les mesures qu'il a prises peuvent être attaquées par un recours dénommé *Erinnerung* et formé devant le tribunal (cantonal). Le § 793 ouvre le recours de "requête immédiate" (*sofortige Beschwerde*) contre les décisions rendues dans le procédure d'exécution forcée sans débats oraux préalables. Si c'est le tribunal régional qui a tranché la requête, un recours dénommé "*sofortige weitere Beschwerde*" est ouvert.

[3] Pour les jugements étrangers, v. les §§ 722 et 723 ZPO. Ces textes, applicables en l'absence d'une convention internationale, disposent que l'exécution forcée d'un jugement étranger sur le territoire allemand suppose un jugement d'exequatur rendu par un tribunal allemand; ce jugement est prononcé par le tribunal cantonal ou le tribunal régional dans le ressort duquel le

judiciaires, les décisions provisoires en matière familiale, les décisions fixant le montant de la pension alimentaire pour un enfant naturel (*Regelunterhaltsbeschlüsse*), les sentences arbitrales exécutoires, ou encore les actes notariés exécutoires. Le Code allemand de procédure civile retient également d'autres titres; les titres des organes administratifs peuvent aussi donner lieu à exécution forcée.)

L'exécution ne saurait commencer avant que le titre ait été signifié au débiteur (§ 75O al. 1er ZPO)[1]. Cette condition doit être examinée d'office par l'organe chargé de l'exécution. Pour les *Urteile* (jugements des tribunaux rendus après débats oraux préalables, par opposition à la *Beschluß*, qui est une décision rendue sans débats oraux préalables), la signification se fait en principe d'office par le tribunal (§§ 2O8 et s., 27O al. 1er, 317 al. 1er ZPO). Une telle signification d'office est extrêmement rare en droit français, alors qu'en Allemagne, elle est très souvent prévue par la loi et confiée à la diligence du greffier du tribunal.

Annonce du plan - En trois parties, nous aborderons l'exécution sur des biens meubles (corporels ou non[2], **I**), puis les particularités de l'exécution forcée en vue d'une action, abstention ou émission d'une déclaration de volonté (**II**), et enfin quelques spécificités typiquement allemandes de l'exécution, notamment la déclaration sous serment du débiteur sur l'étendue et la composition de son patrimoine (**III**). Il ne s'agira pas dans ce bref commentaire d'entrer dans le détail de la réglementation allemande, mais surtout de souligner les points par lesquels elle se caractérise et se distingue du droit français ou au contraire a été rejointe par lui depuis la réforme française de 1991-1992. Les distinctions sont devenues moins nettes depuis la réforme française de 1991 et 1992, puisque désormais, la saisie-arrêt française ayant été supprimée, il n'est plus possible en droit français d'entamer

---

débiteur est domicilié pour l'ensemble de ses affaires, ou bien par le tribunal devant lequel le débiteur a été assigné en vertu du § 23 ZPO. La décision d'exequatur est rendue sans examen préalable de la légalité de la décision étrangère; elle ne peut être rendue que si le jugement étranger est passé en force de chose jugée.

[1] Cette signification n'est toutefois pas requise lorsque la décision est urgente (notamment décision en référé ou sur requête ordonnant des mesures provisoires ou conservatoires).

[2] Il ne sera pas traité de la saisie des biens immeubles, car elle ne présente pas de traits tellement distinctifs qu'il convienne de l'aborder dans le détail.

une saisie d'exécution sans titre exécutoire. Le droit allemand n'admet en aucun cas la possibilité d'une telle saisie d'exécution si le saisissant ne peut présenter un titre exécutoire. Il a lui-même été réformé par une loi du 28 décembre 1997[1] qui n'a pas changé l'architecture générale de la réglementation existante mais s'est contentée d'apporter un certain nombre d'améliorations techniques dans le but de faciliter la poursuite du paiement par le créancier et de décharger certains organes de la justice.

I. L'EXECUTION FORCEE SUR LES BIENS MOBILIERS.

L'exécution forcée sur des biens meubles peut reposer sur l'existence d'une créance de somme d'argent au bénéfice du saisissant, qui va donc tenter de s'emparer de certains biens appartenant à son débiteur pour se payer sur leur prix de vente (**A**). Dans d'autres cas, l'exécution forcée recherchera au contraire à provoquer la remise d'un bien précis par le débiteur (**B**), comme le prévoit également le droit français avec la procédure de saisie-appréhension.

A. L'EXECUTION EN VERTU D'UNE CREANCE DE SOMME D'ARGENT

Le privilège du premier saisissant - Classiquement, le Code allemand de procédure civile distingue entre saisie de meubles corporels et saisie de meubles incorporels. Le *§ 8O4 ZPO* pose le principe fondamental selon lequel le créancier qui, le premier, a procédé à une saisie, est **privilégié par rapport aux saisissants ultérieurs**. Ce texte énonce en effet que la saisie confère au saisissant un droit de gage sur le bien saisi. Ce droit de gage assure au créancier, dans ses rapports avec les autres créanciers, les mêmes droits qu'un nantissement établi par contrat; il a rang avant les droits de gage et les privilèges qui, en cas de faillite, ne sont pas assimilés au nantissement. Le droit de gage fondé sur une saisie antérieure prime celui qui est fondé sur une saisie postérieure. C'est donc bien le privilège du premier saisissant qu'affirme le § 8O4 ZPO, comme le fait également la réforme française, toutefois seulement dans l'hypothèse de la saisie-

[1] BGBl. I, p. 3O39.

attribution (qui porte sur des créances de sommes d'argent), alors que la saisie-vente (portant sur des meubles corporels en principe) subit encore aujourd'hui la loi du concours en droit français.

1. Saisie de biens meubles corporels (§§ 8O8 à 827 ZPO)

Compétence et procédure - La compétence en matière d'exécution d'une saisie des biens meubles corporels appartient à l'huissier de justice, alors que la saisie de créances relève de la compétence du tribunal en Allemagne. L'huissier est un fonctionnaire attaché à un tribunal cantonal qui est rémunéré au pourcentage des actes accomplis. Ses actes sont placés sous le contrôle du tribunal de l'exécution (*Vollstreckungsgericht*), qui est en principe le tribunal cantonal auprès duquel l'huissier est rattaché.

En l'absence de paiement amiable par le débiteur l'huissier procède à la saisie des meubles corporels, ou bien en enlevant le bien, ou bien en rendant la saisie perceptible par l'apposition d'un sceau et par la publication d'une annonce de saisie. Il ne peut saisir que les choses qui sont détenues par le débiteur ou par un tiers qui se déclare prêt à les remettre. Il semble qu'en pratique, l'huissier prenne directement sous séquestre l'argent et les biens précieux de taille raisonnable et qu'il laisse les autres biens chez le débiteur tout en apposant un sceau indiquant aux éventuels tiers intéressés que l'objet est placé sous main de justice.

Deux principes sont proches de ceux qu'a consacrés la réforme française de 1991 et qui étaient déjà admis par la jurisprudence antérieure : d'abord, l'huissier et le saisissant n'ont pas le droit de saisir beaucoup plus que cela n'est nécessaire pour couvrir le montant de la créance et les frais (*Verbot der Überpfändung*,, § 8O3 al. 1er ZPO)[1]. Ensuite, l'al. 2 du § 8O3 interdit de procéder à une saisie dès lors que

[1] La réforme française sanctionne également les saisies abusives ou excessives (art. 22 loi du 9 juill. 1991 : "*l'exécution de ces mesures ne peut excéder ce qui se révèle nécessaire pour obtenir le paiement de l'obligation*"). Cette formule est pratiquement la même que celle du § 8O3 al. 1er ZPO.

la vente du bien ne ferait que couvrir les frais de l'huissier sans satisfaire aucunement le saisissant (*Verbot der zwecklosen Pfändung)*[1]

Biens insaisissables - Comme en droit français, certains biens sont déclarés insaisissables par la loi : il en va ainsi notamment des meubles meublants, du linge, de la vaisselle, bref de tous biens appartenant au foyer du débiteur et y étant nécessaires, dès lors que la vente de ces biens permettrait seulement d'obtenir une somme sans rapport avec leur valeur, § 812. C'est le *§ 811 ZPO* qui contient la liste principale des biens insaisissables; il fait référence à tous biens nécessaires à l'usage personnel ou au foyer du débiteur, notamment linge, objets de cuisine, meubles meublants, dès lors que le débiteur en a besoin pour un mode de vie modeste en adéquation avec sa profession et son endettement. Sont également insaisissables les aliments, produits de chauffage et d'éclairage nécessaires pour quatre semaines (ou le montant correspondant si ces produits ne se trouvent pas en quantité pour quatre semaines dans la maison du débiteur); les petits animaux (en nombre limité), une vache (ou deux cochons, chèvres ou moutons) sont insaisissables dès lors qu'ils servent à nourrir le débiteur, sa famille ou des personnes résidant au foyer et qui l'assistent dans son activité professionnelle[2]. Le § 811, qui contient une liste fort longue de biens insaisissables mentionne également les objets nécessaires au travail physique ou intellectuel du débiteur (§ 811, n° 5 et 7 pour les vêtements de travail et les instruments nécessaires, notamment pour les fonctionnaires, prêtres, avocats, notaires, médecins, sages-femmes expressément cités par le texte). Sont de même insaisissables toutes prothèses, lunettes et autres objets nécessaires pour les personnes malades ou handicapées (le débiteur ou sa famille), ainsi qu'une somme d'argent correspondant à la part non saisissable des rémunérations ou revenus au sens des §§ 85O et s.

---

[1] Comp. art. 18 de la loi française du 9 juill. 1991 (les huissiers "sont tenus de prêter leur concours sauf, et sous réserve d'en référer au juge de l'exécution s'ils l'estiment nécessaire, lorsque la mesure requise leur paraît revêtir un caractère illicite *ou si le montant des frais paraît manifestement susceptible de dépasser le montant de la créance réclamée*, à l'exception des condamnations symboliques que le débiteur refuserait d'exécuter").

[2] On voit là que la liste allemande, qui date de 1877, n'a pas été modernisée, contrairement aux textes français que la réforme de 1991 s'est efforcée d'actualiser.

ZPO[1]. Ces textes définissent les *revenus du travail* et indiquent quelle en est la fraction insaisissable[2].

En matière de **rémunération du travail**, le *§ 85Oc* notamment indique qu'est insaisissable la rémunération du travail lorsqu'elle ne dépasse pas 12O9 Mark (environ 4 OOO FF) par mois[3]. Ce montant est augmenté en fonction des charges de famille du débiteur. Les revenus du travail sont déclarées saisissables par le § 85Od ZPO pour *créance alimentaire* sans les limites posées par le § 85Oc, mais il doit être laissé au débiteur ce dont il a besoin pour subvenir à ses propres besoins et pour remplir ses obligations alimentaires envers des créanciers de rang préférable au saisissant ou de même rang que lui[4]. Cette règle est très proche de celle qu'établit la réforme française, qui distingue trois fractions dans le salaire : la fraction saisissable par tout créancier, la fraction relativement insaisissable puisqu'elle ne peut être saisie que par les créanciers d'aliments, et enfin la fraction totalement insaisissable, qui correspond au montant du revenu minimum d'insertion (RMI) et qui doit impérativement être laissée à la

---

[1] Dans quelques cas visés au § 811 (n° 1, 5 et 6), le bien insaisissable peut à titre exceptionnel faire l'objet d'une saisie à conditions que le saisissant le remplace avant l'enlèvement par un autre objet remplissant également le but d'utilisation poursuivi par ledit objet ou bien remette au débiteur une somme suffisante pour acheter un objet de remplacement. Il n'est ainsi pas rare en Allemagne que le créancier remette au débiteur un téléviseur ou autre objet d'usage courant à la place d'un modèle plus luxueux se trouvant au foyer dudit débiteur. La licéité de l'échange de biens doit toutefois être constatée par le tribunal de l'exécution sur demande du créancier; le tribunal n'autorise l'échange que si celui-ci paraît approprié et si le montant de la vente du bien saisi donnera vraisemblablement un montant dépassant largement le prix du bien de remplacement. Ceci n'est pas rare par ex. en matière de véhicules automobiles. Il va sans dire que si le saisissant remet à la place du bien saisi (en principe insaisissable) une somme d'argent au débiteur, celle-ci est insaisissable (§ 811a al. 3).

[2] Tant les sommes dues actuellement que les salaires futurs sont saisissables, tout comme en droit français; mais la loi précise quelles sommes ou accessoires du salaire sont insaisissables (§ 85Oa : la moitié des heures supplémentaires, les primes de vacances, de fidélité, l'indemnisation des frais, la prime de Noël dans la limite de 54O Deutsche Mark, les primes de mariage, de naissance etc.).

[3] Si le débiteur a plusieurs emplois et touche donc plusieurs rémunérations, chaque fraction saisisssable doit être calculée séparément, ce qui est défavorable au créancier; le § 85Oe, n° 2 ZPO prévoit cependant que le créancier peut solliciter du tribunal que les différents revenus soient cumulés afin que soit calculée la fraction saisissable. Comp. art. R 145-35 C. trav. français.

[4] En droit allemand, on distingue trois rangs de créanciers alimentaires : 1) les enfants mineurs non mariés, l'époux, l'ex-époux, la mère d'un enfant naturel du débiteur; 2) les autres descendants; 3) les parents et grands-parents.

disposition du débiteur. Le droit allemand est cependant plus indulgent pour le débiteur puisque le montant qui lui est laissé à disposition n'est pas fixé de façon précise et inéluctable : on tient compte des besoins du débiteur et de ses engagements alimentaires, ce qui peut mener à un montant supérieur à celui du RMI français, mais ne saurait en tout état de cause dépasser les 1209 Deutsche Mark mensuels envisagés au § 850c.

Effets de la saisie et réalisation des biens saisis aux enchères publiques - La saisie entraîne confiscation et indisponibilité du bien. La saisie confère au saisissant un droit de gage sur l'objet saisi (§ 804), ce qui va permettre un privilège du premier saisissant que n'a pas voulu consacrer la réforme française en matière de saisie-vente des meubles corporels.

Lors de la saisie, l'huissier fixe une date pour la vente aux enchères du bien; cette date ne doit pas être fixée à moins de sept jours après la saisie (si en revanche des espèces sont saisies, elles sont directement remises au créancier, comme le prévoit également le droit français pour des motifs de pure logique). Si sont saisies des actions, titres-papier divers cotés en bourse (car le droit allemand n'a pas opté pour la dématérialisation des titres contrairement au droit français depuis un décret de 1983), l'huissier les vend au cours du jour. Tous autres biens meubles corporels sont vendus aux enchères publiques : l'huissier invite les intéressés à enchérir; une mise à prix minimale est fixée (*Mindestgebot*). Le bien est acquis par le mieux offrant après trois appels, à condition que le prix minimum ait été atteint.

Autres modes de réalisation possibles - On sait qu'une des nouveautés fondamentales - en théorie tout du moins, car sa portée pratique semble plus faible aux dires des huissiers de justice - de la réforme française a été d'instaurer, en matière de saisie-vente des meubles corporels ou des valeurs mobilières et autres droits d'associé, une *vente amiable* sur l'initiative du débiteur. L'avantage de cette solution est pour le débiteur de pouvoir éventuellement se séparer du bien pour un prix supérieur à celui qui serait obtenu à la suite d'enchères publiques et de se libérer donc dans une plus grande mesure de sa dette ou de plusieurs dettes.

Une telle possibilité existe également en droit allemand, mais elle a un aspect moins systématique qu'en droit français. Le *§ 825 ZPO* prévoit que, sur demande du créancier ou du débiteur (il faut donc une demande expresse d'une des parties à l'exécution), le tribunal de l'exécution peut ordonner que la réalisation du bien saisi se fera de façon différente ou en un autre lieu que ce que disposent les textes généraux; il peut également être décidé que la vente aux enchères sera réalisée par une personne autre que l'huissier de justice. Ce texte assez vague permet en réalité au tribunal d'autoriser un vente libre par l'huissier (sans enchères donc), ou une vente en un autre lieu pour des raisons pratiques ou stratégiques, ou encore une vente privée par une autre personne, ou encore éventuellement la remise du bien au créancier à titre de paiement, d'après la jurisprudence allemande.

2. Saisie de biens meubles incorporels

Qui dit saisie de créances dit opération à trois parties, puisque le créancier saisissant va essayer d'appréhender entre les mains d'un tiers (*Drittschuldner*) les sommes que ce dernier doit à son débiteur. La saisie de créances suppose évidemment que ladite créance soit transmissible (§ 851 ZPO), ce qui n'est par exemple pas le cas d'une créance de dommages-intérêts pour préjudice extrapatrimonial (*Schmerzensgeld*).

Saisie de sommes placées sur un compte bancaire - En droit allemand, le *§ 357 du Code de commerce* (HGB) énonce que "*si le créancier d'une partie a obtenu la saisie et l'attribution du droit sur ce qui revient à son débiteur comme solde du compte courant, les postes débiteurs qui naissent après la saisie ne peuvent pas, par rapport au créancier saisissant, être portés en compte. Des opérations qui sont réalisées en vertu d'un droit ou d'un engagement du tiers saisi ne sont pas considérées comme des opérations nouvelles dans le sens de cette disposition si le droit ou l'engagement existait dès avant la saisie*". On constate que le droit allemand prévoit depuis longtemps l'effet d'attribution de la saisie sur compte courant, qui écarte la loi du concours entre saisissants. En outre, comme dans l'article 47 de la loi française du 9 juillet 1991, les opérations dites opérations en cours, qui sont intervenues avant la signification de la saisie au tiers saisi mais n'avaient pas encore été inscrites en compte au jour de ladite saisie permettent de diminuer le solde saisi dès lors que lesdites opérations sont antérieures à la saisie.

La règle énoncée au § 357 HGB s'est révélée insuffisante, car elle n'envisageait pas un certain nombre d'hypothèses et permettait des fraudes de la part de débiteurs de mauvaise foi. La jurisprudence et la doctrine allemandes ont alors développé de nouvelles règles afin de rendre plus efficaces les saisies sur comptes bancaires. Ont ainsi été admis les saisies de soldes périodiques futurs, la saisie du droit du client de demander paiement des avoirs au jour le jour. En revanche, comme en droit français, la doctrine et la jurisprudence majoritaires refusent au créancier le droit de saisir une ouverture de crédit, dès lors que la débiteur qui en est bénéficiaire n'a pas encore demandé la mise à disposition des fonds, prérogative éminemment personnelle qui ne peut dès lors être exercée par un créancier.

Il n'y a pas lieu de distinguer selon que le compte est un compte bancaire ou un compte chèque postal; dans les deux cas, le solde provisoire disponible est saisissable. Les comptes courants comme les comptes d'épargne peuvent faire l'objet d'une saisie. Toutefois, si les sommes figurent sur un livret d'épargne (*Sparbuch*), il faut d'abord saisir le livret, meuble corporel, puis le créancier doit demander au tribunal la saisie et le virement à son profit des sommes figurant sur le livret.

Compétence et procédure - En vertu du § 828 ZPO, ce n'est pas l'huissier de justice, mais le tribunal d'exécution qui est compétent pour connaître de l'exécution forcée portant sur des créances. Est compétent le tribunal cantonal dans le ressort duquel le débiteur a son domicile. Sur le plan fonctionnel, c'est le *Rechtspfleger* au sein du tribunal cantonal qui statue. Il s'agit là d'un fonctionnaire du tribunal qui a étudié dans une école spéciale le droit pendant trois ans; il est un super-greffier et décharge le juge d'un certain nombre de missions en partie juridictionnelles. Afin de ne pas mettre en péril l'efficacité de la mesure, le débiteur n'est pas convoqué lors de la procédure au cours de laquelle le *Rechtspfleger* autorisera ou non la mesure sollicitée par le créancier (§ 834 ZPO). Il s'agit donc d'une procédure sur requête. La décision de saisie prononcée interdit au tiers saisi de payer le débiteur saisi (§ 829). La saisie est opérée par signification de la saisie au tiers saisi sur initiative du saisissant, puis la saisie est dénoncée au débiteur, tout comme en droit français.

Effets de la saisie de créance - Le *créancier* acquiert un droit de gage (*Pfändungspfandrecht*) qui lui permet d'éviter le concours avec les saisissants ultérieurs. Avant que les sommes lui soient concrètement remises, il peut garantir la créance saisie, par ex. en obtenant une décision Arrest en référé contre le tiers saisi afin que ce dernier ne se libère pas des sommes entre d'autres mains ou ne prétende pas les garder à son profit pour compenser d'éventuels soldes débiteurs du même client. Si le tiers saisi conteste l'existence de la créance, le créancier peut également intenter contre lui une action en constatation de l'existence de ladite créance (*Feststellungsklage*). Le *débiteur* perd tout droit de disposition sur la créance saisie. Quant au *tiers saisi*, il lui est interdit, à compter de la saisie, de payer le débiteur; s'il le faisait malgré tout, il demeurerait tenu des causes de la saisie envers le saisissant. Cette règle est la même qu'en droit français; en outre, comme dans la réforme française de 1991, le droit allemand admet depuis déjà longtemps que le tiers saisi est tenu d'informer le créancier saisissant, sur demande de ce dernier, et dans un délai de deux semaines[1], sur différents points (comme en droit français, étendue de la cette du tiers saisi envers le débiteur, existence de saisies antérieures...).

Si le tiers saisi ne remplit pas son obligation de renseignement, il est tenu de réparer le dommage qui en résulterait pour le créancier saisissant (§ 84O, al. 2).

On le constate, la loi allemande comme la réforme française ont largement insisté sur les obligations d'information des tiers débiteurs du débiteur saisi, quitte à mettre à leur charge les causes de la saisie et une éventuelle obligation de réparation en cas de violation de cette obligation. Le secret bancaire est donc considérablement rompu par

[1] En droit français, les délais sont beaucoup plus brefs puisque le tiers saisi a l'obligation d'informer *sur le champ* l'huissier des sommes dont il est débiteur envers le débiteur saisi et s'il y a lieu, les cessions de créances, délégations et saisies antérieures (art. 44 de la loi du 9 juill. 1991 et 59 du décret du 31 juill. 1992). Les tribunaux français ont déjà prononcé des condamnations dans des hypothèses où le banquier n'avait pas délivré immédiatement les informations requises.

ces réglementations qui s'expliquent par la nécessité de transparence et de donner à l'huissier une réponse claire sur l'efficacité de la mesure de saisie.

Il faut une décision du tribunal de l'exécution pour que la saisie de créance puisse être opérée, ce que ne prévoit pas le droit français, puisque depuis l'entrée en vigueur de la réforme depuis le 1er janvier 1993, le créancier en possession d'un titre exécutoire est habilité à faire procéder par huissier à la saisie-attribution sans avoir à saisir préalablement(ni postérieurement d'ailleurs) le juge de l'exécution. La solution française a le mérite de la simplicité et de la rapidité.

Pluralités de saisies - En cas de pluralité de saisies, la saisie première en date fait naître un droit de gage au profit du saisissant. D'autres créanciers peuvent à leur tout procéder à une saisie de la même créance (*Anschlußpfändung*), mais le § 8O4 al. 3 ZPO proclame le principe de privilège du premier saisissant ("*le droit de gage né d'une première saisie l'emporte sur celui qui repose sur une saisie postérieure*"). Comme en droit français, il n'y aura concours et répartition des sommes au marc le franc (*nach dem Verhältnis ihrer Ansprüche*) entre les différents saisissants que si les saisies ont véritablement eu lieu en même temps (c'est-à-dire le même jour)[1].

***Vorpfändung* (avertissement de saisie)** - Il n'est pas rare en Allemagne que l'huissier procède à un avertissement de saisie, c'est-à-dire qu'il informe le débiteur et le tiers saisi qu'une saisie va avoir lieu. La notification au tiers saisi contient ordre donné à ce dernier de ne pas se libérer entre les mains du débiteur; quant au débiteur, il lui est enjoint de ne pas disposer de la créance. Cette technique ne peut être utilisée que si le créancier dispose d'un titre exécutoire; elle présente l'intérêt de bloquer les sommes avant que le saisissant ait obtenu le jugement du tribunal de l'exécution l'autorisant à procéder à la saisie de créance. Si, dans les trois semaines qui suivent l'avertissement de saisie, une décision de saisie est notifiée au tiers saisi et dénoncée au

[1] Pour le droit français, v. art. 43, al. 3 loi 9 juill. 1991 ("*toutefois, les actes de saisie signifiés au cours de la même journée entre les mains du même tiers sont réputés faits simultanément. Si les sommes disponibles ne permettent pas de désintéresser la totalité des créanciers ainsi saisissants, ceux-ci viennent en concours*").

débiteur, la *Vorpfändung* a les effets d'une saisie conservatoire et elle fait ainsi naître le droit de gage au profit du saisissant, ce qui peut être intéressant pour ce dernier si, entre l'avertissement et la notification du jugement autorisant la saisie de créance, d'autres saisies se sont intercalées. Les actes de disposition qu'aurait accomplis le débiteur ou les paiements réalisés par le tiers saisi après la saisie préalable sont sans effet envers le créancier saisissant. En revanche, si dans les trois semaines qui la suivent, aucune décision de saisie n'est notifiée, l'avertissement de saisie perd tout effet.

Procédure de répartition dans les saisies de meubles corporels ou incorporels - Contrairement au droit français, il convient de noter en conclusion à cette première sous-partie, que le droit allemand ne procède pas à une distinction nette entre effets d'une saisie sur meubles corporels et effets d'une saisie portant sur des meubles incorporels : les deux déclenchent le privilège du premier saisissant, contrairement à la saisie-vente du droit français. La solution allemande nous semble préférable à celle du droit français : il n'existe pas de raison logique de favoriser le saisissant d'une créance en donnant une prime à sa rapidité et de ne pas le faire pour celui qui saisit un meuble corporel. Il en va de l'efficacité des mesures de saisie, efficacité qui était l'un des buts poursuivis par la réforme française de 1991. Une autre solution, intermédiaire, consisterait, comme le fait le droit suisse[1] à établir des groupes de saisies : tous les créanciers ayant procédé à une saisie dans un certain intervalle de temps ont alors le même rang par rapport aux créanciers du groupe ultérieur et sont payés au marc le franc au sein de leur groupe. Un tel système, qui avait été proposé en Allemagne en 1931, n'a pas été retenu.

B. L'EXECUTION EN VUE DE LA DELIVRANCE D'UNE CHOSE (§§ 883-886 ZPO)

Hypothèse - L'exécution forcée en vue de la délivrance d'une chose est traitée dans le Code allemand de procédure civile dans la troisième partie du livre huit, partie consacrée à ce type de saisie et aux voies

---

[1] V. l'article de I. MEIER sur la réforme des voies d'exécution en Suisse paru dans cette revue 1998, premier volume.

d'exécution tendant à l'obtention d'une action, tolérance ou abstention. Dans la mesure où il s'agit toutefois là également d'une saisie de biens meubles corporels, il nous semble justifié de l'aborder dans cette première partie, même si cela ne correspond pas à la systématique allemande[1]. Cette saisie, dénommée *Herausgabevollstreckung*, est réglementée par les §§ 883 à 886 ZPO. Le *§ 883* dispose que si le débiteur doit remettre une chose mobilière ou une quantité déterminée de choses meubles, celles-ci doivent lui être retirées par l'huissier de justice qui doit les remettre au créancier. Si la chose devant être remise au créancier n'est pas retrouvée chez le débiteur, ce dernier est tenu, sur demande du créancier, de faire une déclaration sous serment aux termes de laquelle il ne possède pas la chose et ne sait pas où elle se trouve[2]. Contrairement au droit français, les règles allemandes en matière de voies d'exécution font une large place à la parole du débiteur et à ses déclarations sous serment[3]. Le débiteur engage d'ailleurs sa responsabilité en cas de déclaration mensongère.

Bien à restituer ou à délivrer détenu par un tiers - Si le bien que le débiteur est tenu de restituer ou de délivrer se trouve entre les mains d'un tiers, tout dépendra de savoir si le tiers est prêt à remettre la chose ou au contraire s'y oppose. S'il accepte de la remettre, l'huissier l'enlève et la remet au créancier; dans le cas contraire, le créancier peut demander à saisir la créance du débiteur contre le tiers en restitution du bien et se la faire transférer par le tribunal de l'exécution (§ 886).

II. L'EXECUTION FORCEE EN VUE D'UNE ACTION OU ABSTENTION, OU EN VUE D'OBTENIR UNE DECLARATION DE VOLONTE.

Exécution forcée d'une obligation de faire (*Handlung*) - Ce type d'exécution forcée, envisagé aux §§ 887 à 890 du Code allemand de procédure civile, fait l'objet d'une réglementation distincte selon que

[1] Sur cette question, *supra* n° 8.

[2] En fonction des faits de l'espèce, le tribunal peut modifier le contenu de la déclaration sous serment que devra faire le débiteur.

[3] V. aussi *infra* n° 30 et s.

l'obligation de faire peut être réalisée par un tiers (*vertretbare Handlung*) ou au contraire ne peut être le fait que du débiteur lui-même (*unvertretbare Handlung*) pour que le succès juridique ou économique en soit assuré.

Si l'obligation peut être accomplie par un tiers, le *§ 887 ZPO* prévoit que le créancier doit, sur sa demande, être autorisé par le tribunal de première instance ayant connu du fond de l'affaire à faire accomplir l'action par quelqu'un d'autre aux frais du débiteur.

Si seul le débiteur peut accomplir l'obligation de faire dont il est tenu, et si l'exécution dépend de la seule volonté du débiteur, le tribunal de première instance saisie de l'instance au fond doit, sur demande du créancier, condamner le débiteur à exécuter sous astreinte (*Zwangsgeld*) ou, si celle-ci risque de ne pouvoir être payée, sous menace de contrainte par corps (*Zwangshaft*), *§ 888 ZPO*. L'astreinte allemande - qui est en réalité une somme versée au Trésor public et non pas à la partie adverse - n'est pas appréciée en fonction du nombre de jours de retard dans l'exécution; le § 888 précise qu'une astreinte ne peut dépasser 50 000 Deutsche Mark[1]. Contrairement au droit français de puis la réforme de 1991, l'astreinte peut être déclarée définitive immédiatement, dès son prononcé en Allemagne. Aujourd'hui, en France, le juge doit forcément prononcer une astreinte provisoire avant de prononcer une astreinte définitive.

Le droit allemand ne connaît pas l'astreinte au sens français du terme, dont on peut penser qu'elle est un moyen de pression plus efficace pour faire exécuter ses obligations par le débiteur qu'un montant fixe plafonné à 50 000 Deutsche Mark.

Exécution forcée d'une obligation de ne pas faire ou de laisser faire (*Unterlassung*, *Duldung*) - Le § 890 ZPO prévoit que si le débiteur viole une obligation de ne pas faire ou de laisser faire, il peut être, sur demande du créancier, condamné par le tribunal de première

---

[1] L'al. 2 du § 888 précise que de tels moyens de pression - astreinte (en réalité amende) et contrainte par corps - ne peuvent être employés en cas de condamnation d'une personne à conclure un mariage, à établir la communauté de vie ou à réaliser des prestations de services dans le cadre d'un contrat de ???(*Dienstvertrag*).

instance condamné pour chaque violation à une amende (*Ordnungsgeld*) ou, si cette dernière risque de ne pouvoir être payée, à une contrainte par corps (*Ordnungshaft*) dont la durée ne peut être supérieure à six mois. L'amende ne saurait dépasser, pour chaque violation, le montant de 500 000 DM; la contrainte par corps ne peut totaliser plus de deux ans. Avant que la condamnation soit prononcée, un avertissement doit être formulé au débiteur soit dans la décision le condamnant à exécuter, soit, ultérieurement, par la juridiction de première instance. Le débiteur peut également être condamné sur demande du créancier à constituer une garantie d'une certaine durée (déterminée) pour le cas où il commettrait à l'avenir des violations de son obligation de ne pas faire ou de laisser faire (§ 890, al. 3 ZPO).

Exécution forcée d'une obligation d'émettre une déclaration de volonté - Si le débiteur a été condamné à émettre une déclaration de volonté, la déclaration est considérée comme faite dès que le jugement de condamnation est passé en force de chose jugée. Il s'agit donc là d'une "*fiction*" de déclaration; comme en droit français, le contenu du jugement peut remplacer la déclaration effective de volonté du débiteur.

III. AUTRES SPECIFICITES ALLEMANDES EN MATIERE D'EXECUTION FORCEE

Le droit allemand se distingue encore par les déclarations sous serment auxquelles il peut contraindre et débiteur, par la tenue auprès du tribunal d'un registre des débiteurs (**A**) et par des recours particuliers contre les différentes mesures d'exécution ordonnées (**B**).

A. DECLARATION SOUS SERMENT

La déclaration sous serment du débiteur (*eidesstattliche Versicherung*), §§ 807, 899 à 915h ZPO. Généralités - Le droit allemand donne force aux déclarations du débiteur quant à la teneur de son patrimoine. Le *§ 807 ZPO* dispose en effet que lorsque le créancier n'a pas été entièrement désintéressé par la saisie ou lorsqu'il démontre de façon plausible qu'il ne pourra pas être entièrement satisfait par le produit de la saisie, le débiteur peut être obligé par le tribunal (sur demande du créancier) à produire un état de ses biens, à indiquer les causes et les moyens de preuve de ses créances ainsi que de prêter serment selon lequel il indique sa fortune en toute conscience et aussi complètement qu'il est en état de le faire. Le serment permet donc d'abord au créancier de savoir quelle est la composition précise du patrimoine du débiteur et sur quels biens il peut donc tenter une exécution forcée, ensuite au débiteur de se mettre à l'abri d'exécutions forcées dès lors que son patrimoine est insignifiant.

L'état des biens doit préciser en outre

- les cessions à titre onéreux de biens réalisées par le débiteur dans l'année précédant la date fixée pour la prestation de serment, à son conjoint, ou avant ou pendant le mariage, ou encore à des parents à lui ou à son conjoint en ligne ascendante ou descendante, à ses frères et sœurs ou ceux de son conjoint et aux époux de ceux-ci;

- les dispositions à titre gratuit accomplies par le débiteur pendant cette même période, sauf cadeaux d'usage;

- les dispositions à titre gratuit au profit de son conjoint réalisées dans les deux dernières années précédant la date fixée pour la déclaration sous serment.

Comme nous l'avons déjà signalé, le débiteur peut également être tenu de faire une telle déclaration sous serment lorsque le bien meuble qu'il est tenu de délivrer ou de restituer n'est pas retrouvé chez lui (§ 883 al. 2 et s. ZPO). Depuis l'entrée en vigueur de la réforme allemande du 28 décembre 1997, le débiteur doit également faire la déclaration s'il a refusé l'accès à son domicile (§ 758 ZPO) ou si l'huissier, après avoir annoncé sa venue deux semaines à l'avance, n'a une fois de plus pas trouvé le débiteur chez lui, sauf toutefois si ce dernier peut justifier son absence par des motifs sérieux et vraisemblables.

Juridiction compétente et procédure - La déclaration sous serment avait lieu devant le tribunal cantonal dans le ressort duquel le débiteur avait son domicile ou sa résidence; c'est le *Rechtspfleger* qui enregistrait la déclaration. Aujourd'hui, la réforme allemande du 28 décembre 1997 confie cette compétence à l'**huissier de justice** depuis le 1er janvier 1999. La procédure débute par une requête du créancier en fixation d'une date pour la déclaration sous serment; la requête doit être accompagnée du titre exécutoire et des documents dont découle l'obligation pour le débiteur de se soumettre à la prestation de serment.

La date fixée pour la déclaration sur l'honneur est signifiée au débiteur et également communiquée au créancier, dont la présence n'est pas requise. Si le débiteur affirme de façon plausible qu'il paiera sa dette envers le créancier dans les trois mois à venir, l'huissier peut repousser la date prévue pour la déclaration sous serment, et si le débiteur démontre qu'il a entretemps payé au moins les 2/3 de la dette, l'huissier pourra encore repousser de six semaines[1].

Contrainte par corps - En vertu du § 901 ZPO, si le débiteur ne comparaît pas le jour fixé pour sa déclaration sous serment, ou s'il refuse sans motif de se soumettre à la déclaration, le tribunal doit ordonner la contrainte par corps pour l'obliger à respecter son obligation[2]. Le débiteur emprisonné peut alors demander à tout moment au tribunal de bien vouloir enregistrer sa déclaration sur l'honneur et il doit être fait droit à sa demande. Dès qu'il a fait sa déclaration, le débiteur est libéré. La contrainte par corps ne doit pas dépasser six mois (§ 913).

Ces réglementations nous montrent que le droit allemand fait un usage beaucoup plus large de la contrainte par corps que le droit français, qui la réserve aux dettes fiscales et à quelques hypothèses de droit pénal.

---

[1] Le créancier peut former recours contre la décision qui repousse la date de la déclaration sous serment (*sofortige Beschwerde*). En revanche, la décision refusant de repousser la date est insusceptible de recours (§ 900, al. 4 ZPO). Sur la réforme de 1997 et les compétences de l'huissier de justice, qui en vertu du § 900 al. 3 ZPO pourra repousser la date de la déclaration à six mois si le débiteur affirme de façon vraisemblable pouvoir payer dans ce délai, et qui pourra accepter des paiements partiels si le créancier en est d'accord, v. R. FUNKE, *Die 2. Zwangsvollstreckungsnovelle - ein Beitrag zur Verbesserung der Durchsetzung der Gläubigerrechte und zur Entlastung der Rechtspflege*, NJW 1998, 1032.

[2] L'état de santé du débiteur peut toutefois faire obstacle à la réalisation de la contrainte par corps, v. § 906 ZPO.

B. Le registre des débiteurs (*Schuldnerverzeichnis*)

Le Code allemand de procédure civile instaure dans son § 915 un registre des débiteurs, qui peut être consulté par tout intéressé. Le tribunal de l'exécution tient un registre des personnes qui ont fait la déclaration sous serment sur la teneur de leur patrimoine ou contre lesquelles la contrainte par corps a été déclenchée parce qu'elles se sont refusées à ladite déclaration. Les informations personnelles sur ces différents débiteurs ne peuvent être utilisées qu'à des fins d'exécution forcée, ou pour permettre un contrôle de la fiabilité économique, pour contrôler les conditions d'attribution d'aides publiques, pour écarter les dommages économiques résultant de l'inexécution par le débiteur de ses obligations ou encore pour faciliter les poursuites en cas d'infractions pénales (§ 915, al. 2). Les renseignements contenus dans le registre à propos d'un individu déterminé peuvent être communiqués par le greffier du tribunal sur demande, à condition que le requérant démontre qu'il poursuit un des objectifs visés au § 915, al. 2 ZPO. Le greffier peut également délivrer des extraits du registre, extraits que le requérant ne peut mettre à la disposition de tiers (v. §§ 915d et s.)[1].

Les inscriptions faites dans le registre des débiteurs sont effacées au bout de trois ans à compter de la déclaration sous serment du débiteur, de la contrainte par corps ou de la cessation de cette contrainte au bout de six mois. Il est possible de procéder à une radiation des mentions plus tôt si le créancier qui avait déclenché contre le débiteur la procédure de déclaration sous serment a été satisfait ou si le tribunal a eu connaissance de la disparition de la cause pour laquelle avait eu lieu l'inscription (§ 915a).

Il faut bien comprendre que la menace de devoir faire une déclaration sous serment est lourde pour le débiteur. D'abord parce qu'il encourt des sanctions pénales en cas de faux serment, ensuite et surtout parce que le fait d'émettre cette déclaration le place d'office dans le registre

[1] Seuls peuvent obtenir de tels extraits les chambres de commerce et d'industrie, les organes de droit public rassemblant les membres d'une même profession, les requérants dont la tâche est de créer et de tenir des registres fédéraux ou régionaux de débiteurs, ou encore des demandeurs justifiant d'un intérêt sérieux (§ 915e).

des débiteurs, qui est régulièrement consulté par les prêteurs de deniers et autres personnes intéressées. Cela signifie par ex. qu'aucune banque n'acceptera de consentir un crédit à un débiteur figurant dans ce registre et dans celui de la SCHUFA (*Schutzvereinigung für die Allgemeine Kreditsicherung*, association de protection du crédit)[1]. Le débiteur a donc tout intérêt à éviter d'avoir à faire la déclaration sur l'honneur. De tels mécanismes sont ignorés du droit français, qui ne fait qu'une place extrêmement réduite au serment en droit civil, comme si la parole donnée était en général dénuée de valeur, ou en tout cas trop peu vraisemblable pour servir d'étalon et de fondement à des énonciations placées dans un registre public tenu auprès d'un tribunal.

Conclusion générale - La réforme française de 1991 a largement contribué à rapprocher un certain nombre de règles françaises du droit allemand, et ce dans le sens d'une plus grande efficacité des mesures de saisie et - dans certaines hypothèses - d'une priorité donnée au saisissant le plus diligent. Elle a également introduit des mesures novatrices ignorées du droit allemand, par exemple les textes relatifs à la saisie des véhicules terrestres à moteur, ou bien par immobilisation du véhicule, ou bien par inscription à la préfecture. Un des avantages du droit français est aussi l'inutilité de saisir le juge de l'exécution (en dehors de toute contestation) pour lancer une procédure de saisie-attribution ou de saisie-vente dès lors que le saisissant est titulaire d'un titre exécutoire. Le droit français s'est aussi quelque peu inspiré du droit allemand en créant, par le décret du 31 juillet 1992, des procédures particulières de saisie des biens placés dans un coffre-fort.

Les réglementations française et allemande présentent encore aujourd'hui des divergences : la plus importante nous semble être celle qui concerne l'obligation éventuelle du débiteur de faire une déclaration sous serment relative à la teneur de son patrimoine, et à l'existence auprès de chaque tribunal cantonal d'un registre des

---

[1] Cette association réunit essentiellement des banques, qui consultent régulièrement le fichier de la SCHUFA avant d'accorder des crédits, si bien que le débiteur fiché n'a pratiquement aucune chance d'obtenir un prêt. Comp. pour un registre des débiteurs aux effets également redoutables en Suisse l'article de I. MEIER dans cette revue 1998, premier volume.

(mauvais) débiteurs. Dans sa thèse, M. Woopen[1] préconise l'extension à la France de ces mécanismes à l'efficacité redoutable (à tel point que l'avenir des débiteurs figurant dans ledit registre parce qu'ayant dû faire la déclaration de patrimoine sous serment est considérablement obéré); un tel registre des débiteurs existe également en Suisse. Nous ne saurions être favorable à son institution en France, ou alors seulement si parallèlement était instaurée une procédure spécifique d'apurement du passif des simples particuliers avec disparition de leur dette (*Restschuldbefreihung*) au bout d'un certain temps de remboursement sérieux en fonction de la capacité du débiteur[2]. Alors, le débiteur peut avoir une perspective de "redressement" et être motivé à reprendre le travail sans se dire que son activité ne servira jamais qu'à payer ses dettes. Cet espoir bénéficiera également aux créanciers qui, au lieu de ne rien toucher du tout, obtiendront le paiement d'une partie au moins de leurs créances.

---

[1] *Op. cit.*, pp. 227 et s.

[2] Le droit allemand prévoit que seront remises les dettes non encore payées dès lors que lé débiteur a versé pendant sept ans la partie saisissable de ses rémunérations du travail à un agent fiduciaire chargé de répartir les sommes entre les créanciers. Pour obtenir la remise de dette, le débiteur doit occuper un poste de travail acceptable et faire connaître chaque changement d'employeur.

Les procédures civiles d'exécution en droit italien

par M.Giuseppe TARZIA

Professeur ordinaire de Droit processuel civil à l'Université de Milan

Docteur honoris causa des Universités de Louvain et de Reims

Permettez-moi, avant de donner quelques références sur le droit italien, comme c'est la première fois que je me trouve dans cette Université, d'évoquer le souvenir du Doyen Vincent dont j'ai eu la chance de faire la connaissance dans les années 60 en donnant un cours avec lui dans la petite Université de Urbino, où j'étais alors professeur au début de ma carrière universitaire.

1. L'exécution forcée en droit italien est fondamentalement réglée encore par le code civil de 1942, à l'égard des types d'exécution et des effets de la saisie, de la vente et de l'attribution (art. 2910 ss.) et par le code de procédure civile de la même date (art. 474 ss.). Celui-ci, qui a été assujetti à des réformes profondes pour d'autres domaines, a subi des modifications, dans l'ensemble, marginales pour ce qui touche aux procédures d'exécution. On a eu toutefois des développements remarquables dans des domaines spéciaux ainsi que dans la jurisprudence.

Je me propose ici de donner seulement des indications sur les conditions de fond et les lignes de tendance du droit des voies d'exécution en Italie, qui puissent être utiles pour susciter des réflexions comparatives avec les autres droits européens et avant tout avec le droit français.

La nature de cette communication permet peut-être de présenter le droit italien de l'exécution forcée d'une façon tout à fait schématique(1).

2. On peut se référer, avant tout, au principe traditionnel *nulla executio sine titulo*. Mais cela, évidemment, ne suffit pas. Il y a lieu de s'interroger sur *le rôle du titre exécutoire* non seulement au commencement de la procédure d'exécution, mais pendant son déroulement et jusqu'à la répartition du prix de la vente des biens saisis.

Les conditions de fond, communes à tous les titres exécutoires, se résument à ceci: la créance, portée par le titre, doit être certaine, liquide et exigible. Il ne peut être question de s'arrêter ici sur l'interprétation de ces trois qualités, qui paraît substantiellement conforme dans nos pays. Également il semble inutile de souligner la possibilité de la détermination de la créance *per relationem*, pourvu que le titre fournisse tous les éléments nécessaires pour y parvenir. Évidente est aussi l'exigence que ces qualités, auxquelles la force exécutoire du titre est liée, persistent tout le long du déroulement de la procédure.

Mais l'uniformité, qui a été évoquée jusqu'ici, disparaît bientôt quand on remarque l'attitude différente de nos droits pour ce qui touche, avant tout, aux titres exécutoires judiciaires.

---

(1) Qu'il me soit permis de reprendre ici mes études précédentes dans ce domaine publiées en français et notamment, Problèmes actuels de l'exécution forcée en Italie, dans le volume Effectiveness of Judicial Protection and Constitutional Order - The discussions of the VIIth International Congress on Procedural Law, Würzburg 1983, éd. W. Habscheid, Gieseking-Verlag, Bielefeld 1985, p. 203 ss.; L'effectivité des décisions de justice, rapport italien, dans le volume au même titre, éd. Economica, Paris 1987; Les titres exécutoires et le recouvrement des créances dans l'Union Européenne, en Actualités du droit, Rev. Faculté de droit de Liège, 1995-2, p. 381 s.; La distribution des deniers dans l'exécution forcée en Europe, Rev. internationale de droit comparé, 1999-2, p. 331 ss.

3. Tandis que la plupart des droits judiciaires de nos pays exigent que le jugement soit passé en force de chose jugée pour qu'il soit muni de la force exécutoire, sauf à prévoir, dans des cas plus ou moins limités, l'exécution provisoire du jugement de première instance (avec des différences sur lesquelles il n'appartient pas à moi de m'arrêter aujourd'hui), la réforme du c.p.c. italien réalisée par la loi 26 novembre 1990 n. 353 a établi (art. 282 c.p.c.) *la force exécutoire provisoire des jugements de première instance* sauf le pouvoir suspensif du juge saisi de l'appel. La règle s'applique sûrement aux jugements de condamnation pour un droit liquide et exigible, tandis qu'on discute si elle est valable aussi pour les jugements constitutifs. Il ne semble pas, en tout cas, qu'elle puisse opérer pour les jugements simplement déclaratifs.

De plus, on a prévu dans le code (déjà dans la rédaction originaire de 1942) *l'exécution provisoire de l'injonction de payer* (ou bien aussi de délivrer une chose meuble déterminée ou une quantité déterminée de choses fongibles) quand *elle se fonde sur des titres privilégiés* (lettre de change, chèque, qui d'ailleurs sont déjà en soi titres exécutoires, billet à ordre, acte notarié ou acte public) *ou* quand il y a *péril en la demeure* (art. 642 c.p.c.).

C'est une des manifestations d'un phénomène presque général: la *prolifération* des titres exécutoires, notamment comme résultat de procédures accélérées et sommaires, tantôt indépendantes de l'instance ordinaire, tantôt insérées dans celle-ci, comme anticipation provisoire de la décision finale. C'est, plus proprement, le reflet, sur le terrain des voies d'exécution, de cette "*sommarisation*" de la procédure, dont on a étudié et discuté plusieurs fois l'usage et les abus, même au niveau comparatif(1).

(1) Voy. surtout P. Meijknecht-R. Ch. Verschuur, Usage et abus des procédures sommaires, rapport au Congrès international de droit procédural tenu à Utrecht, au mois d'août de 1987, dans le volume Justice and Efficiency, W. Wedekin éd., Kluwer, 1989, p. 367 ss. et si l'on veut mon rapport Usage et abus des procédures sommaires en Italie, en Comparative Law Review, Torun 1991.

Cette ligne de tendance a reçu des développements remarquables, en Italie, dans les réformes de la procédure pour les affaires du travail (L. 11 août 1973 n. 533) et ensuite de la procédure ordinaire de première instance (L n. 353 de 1990 précitée), l'une et l'autre traduites en modifications du code de procédure.

On peut mentionner, à cet égard, l'ordonnance de paiement de sommes non contestées (art. 186 *bis* et 423, 1er alinéa), l'ordonnance d'injonction (de payer ou de délivrer) en cours d'instance (art. 186 *ter*), l'ordonnance (émise en anticipation et éventuellement en substitution du jugement au fond) après la clôture de l'instruction (art. 186 *quater*) et l'ordonnance provisionnelle dans le procès pour les affaires du travail (art. 423, 2éme alinéa).

4. La prolifération des titres exécutoires n'est pourtant pas un phénomène limité au plan judiciaire. On ne retracerait pas suffisamment l'attitude du droit italien en cette matière si l'on ne mettait pas l'accent sur la diffusion des titres non judiciaires([1]).

Il faut énumérer ici (art. 474 c.p.c.):

a) *les lettres de change* et *les autres titres de créance*

b) *l'acte notarié* ou *l'acte public*, mais seulement pour les obligations de paiement d'une somme d'argent, auxquels s'ajoute, par effet de lois spéciales

c) *plusieurs actes de l'Administration publique,* par exemple du percepteur des impôts.

Il est inutile de signaler l'exigence de contrôle qui se pose à cet égard, particulièrement vis-à-vis du pouvoir, public ou privé, de certification et, encore plus, d'auto-certification de la créance. Cette exigence paraît s'imposer d'une façon particulière là où l'on veut rattacher à l'intervention d'une autorité publique non juridictionnelle une *présomption de légitimité* du titre, qui puisse renverser la charge de la

---

(1) Voy. surtout Vaccarella, Diffusione e controllo dei titoli esecutivi non giudiziali, en Rivista di diritto processuale, 1992, p. 47 ss.

preuve. En droit italien, et sauf les remèdes prévus par des lois spéciales, la défense du prétendu débiteur trouve place dans l'*opposition à l'exécution* (art. 615 s. c.p.c.): par laquelle il peut faire ouvrir une procédure ordinaire quand il conteste "*le droit de procéder à l'exécution forcée*", pour des raisons touchant à l'existence ou à la validité du titre exécutoire ou bien au fond. En tels cas il peut obtenir, s'il y a des "*raisons graves*", le sursis à exécution, jusqu'au passage en force de chose jugée du jugement de première instance ou à la communication par le greffier du jugement d'appel qui rejette l'opposition (art. 627 c.p.c.).

5. Je rappelle brièvement que la *saisie* est, aussi en Italie, acte de l'huissier, mais qu'ensuite la procédure est dirigée par le juge de l'exécution: le préteur, selon le texte originaire du code, et maintenant le juge unique auprès du tribunal, après l'unification des juridictions de première instance (décret 19 février 1998 n. 51, entré en vigueur le 2 juin 1999): une réforme qui laisse survivre, à côté des tribunaux, seulement les juges de paix. Les formes sont naturellement différentes pour la saisie mobilière, immobilière et pour la saisie-arrêt. Le droit italien n'a pas reçu la saisie-attribution introduite par la réforme française des voies d'exécution de 1991.

6. Le moment est venu de répondre à la question : quel est le rôle du titre exécutoire au cours de la procédure et quel est son rapport avec le droit au recouvrement sur le prix de la vente des biens saisis ?

Ici le droit italien est sensiblement différent du droit français de l'exécution, tel qu'il résulte de la réforme précitée. Le titre exécutoire est nécessaire pour entamer une procédure d'exécution ou la faire poursuivre jusqu'à la vente ou à l'attribution du bien saisi, mais il n'est pas nécessaire pour intervenir dans la procédure et pour participer à la distribution des deniers qui sont le produit de la vente.

Mais ce n'est pas là le point le plus remarquable. La saisie-exécution se fonde, en droit italien, sur le principe d'égalité des créanciers, limité seulement par la distinction entre les intervenants en temps utile et les intervenants successifs (tardifs).

Le délai pour l'intervention coïncide avec la première audience de comparution des parties, fixée pour autoriser la vente ou l'attribution dans la saisie mobilière et immobilière ou pour la déclaration du tiers saisi dans la saisie-arrêt.

Ceux qui ont fait intervention dans ce délai sont préférés dans la distribution, sauf le cas où il s'agit de créanciers privilégiés, hypothécaires ou assistés par un droit de gage sur le bien saisi.

Il n'existe donc pas de privilège du premier saisissant, comme en droit allemand et autre, et c'est là on le sait bien, la différence la plus remarquable entre les saisies-exécution dans les pays européens([1]). Un tempérament (qui est resté sur le papier) est donné seulement par la faculté du premier saisissant d'indiquer aux intervenants d'autres biens saisissables, avec la conséquence que, si les intervenants ne profitent pas de ces indications, le premier saisissant leur est préféré dans la distribution des deniers (art. 527 c.p.c.).

Le même principe vaut pour les saisissants ultérieurs à l'égard des intervenants successifs à leurs saisies.

7. On ne peut pas se taire, néanmoins, sur les éléments de crise de la saisie - exécution, et avant tout de la saisie mobilière.

Le manque presque absolu de résultat de cette saisie relève d'une multiplicité de facteurs, que je voudrais ici tout simplement énoncer. Il suffit de les énumérer, d'ailleurs, pour que soit clair l'effet négatif qu'à différents degrés ils produisent sur l'utilité de cette voie.

Dès le départ, cette saisie rencontre un obstacle redoutable dans l'étendue des règles d'insaisissabilité. Inspiré par un souci humanitaire, que l'on peut naturellement bien comprendre, le législateur italien, comme d'autres législateurs d'ailleurs, a élargi la catégorie des biens insaisissables (art. 514 c.p.c., réformé par la loi 8 mai 1971, n. 302), en y comprenant, notamment, tous le outils et le mobilier de la maison du débiteur, sous réserve de leur indispensabilité, et les instruments, les objets et les livres indispensables pour l'exercice de sa profession, art ou métier. La

---

(1) Pour des indications comparatives voy. si vous voulez mon étude La distribution des deniers dans l'exécution forcée en Europe, précitée.

saisie peut donc effectivement se pratiquer surtout contre les commerçants ou les sociétés; mais elle ne peut avoir pour objet les fonds de commerce. C'est une limitation grave, qui peut déterminer, dans la procédure d'exécution, la dispersion de la valeur unitaire du fonds.

Mais les difficultés de la saisie-exécution ne touchent pas seulement à la restriction impérative du domaine d'application de sa forme mobilière.

Bien plus importante est la constatation qu'aucun devoir n'est fait au débiteur de déclarer les biens saisissables qu'il possède. Le système allemand de la déclaration jurée de ces biens (sous menace d'arrestation en cas de déclaration manquée ou refusée) est resté étranger à la tradition italienne. Mais également le législateur italien n'a pas introduit, jusqu'ici, le système de la recherche d'informations auprès des tiers qualifiés, tel qu'il a été adopté par la loi française de 1991.

Cette remarque a une valeur qui touche à toute forme de saisie-exécution, mais qui semble particulièrement incidente sur la saisie mobilière et la saisie-arrêt: sur les voies d'exécution, qui ne peuvent pas profiter d'un système de publicité (des meubles en propriété ou des créances) comme celui qui est en vigueur pour les immeubles, sur une base personnelle et non réelle([1]).

8. Je passe rapidement à la *vente* des biens saisis. Cette vente, aux enchères ou sans enchères, se déroulait toujours avant le juge de l'exécution, jusqu'à la loi du 3 août 1998, n. 302, qui a prévu notamment le pouvoir du juge de l'exécution de déléguer à un notaire les opérations de vente aux enchères des immeubles ou des biens meubles enregistrés (comme les voitures). Il faut remarquer que le notaire pouvait être chargé de la vente déjà dans la procédure de partage (art. 788 s. c.p.c.).

---

(1) Pour d'autres remarques plus spécifiques je fais renvoi au rapport sur L'effectivité des décisions de justice précité.

Dans ce cas le notaire est chargé aussi de la préparation du projet de distribution des deniers, qui a lieu ensuite devant le juge de l'exécution. Celui-ci garde la direction de la procédure et le contrôle sur l'activité du notaire délégué.

On espère de cette réforme récente une abréviation remarquable des temps de cette procédure, qui ont été jusqu'à à l'heure actuelle extrêmement longs, avant tout à cause de la nécessité de recueillir la documentation du cadastre et du bureau des registres immobiliers sur la situation juridique de l'immeuble: une documentation qui peut maintenant être substituée par un certificat du notaire délégué (nouveau texte de l'art. 567 c.p.c.). On ne peut pourtant pas s'imaginer que cette mesure soit suffisante, vis-à-vis des éléments de crise de la vente forcée immobilière, dus aussi à la rigidité de ses formes et au marché souvent frauduleusement altéré qui en profite.

9. Je ne voudrais pas quand-même donner l'impression que les problèmes de l'exécution forcée ont été négligés en Italie, vis-à-vis des réformes profondes que ces procédures ont subi en France et ailleurs. Il faut donc ajouter qu'une Commission ministérielle chargée de préparer un projet de réforme organique du c.p.c., présenté en 1996(1), a formulé des propositions aussi en cette matière, dont je voudrais indiquer ici seulement les points les plus remarquables:

- élargissement de la catégorie des titres exécutoires;

- discipline de leur circulation, du côté actif et passif;

- introduction de la saisie des fonds de commerce et règlement de la saisie des valeurs mobilières, même "*dématérialisées*", comme il est prévue, pour beaucoup d'elles, par les lois spéciales plus récentes;

---

(1) Le projet de révision, sous forme d'une loi de délégation, a été publié, avec le rapport illustratif, en Rivista di diritto processuale, 1996-4, p. 94 ss. Le rapport, traduit en français par le Professeur Alphonse Kohl, se retrouve en Actualités du droit, citées, 1997, p. 659 ss. et dans le volume Il progetto di riforma organica del processo civile, Milano, éd. Giuffré 1998, Actes du Colloque tenu à Milan le 18 et 19 avril 1997. Le volume réunit aussi plusieurs interventions de juristes étrangers sur ce projet.

- suppression de la distinction entre intervenants en temps utile et tardifs, avec la fixation d'un délai sous peine de déchéance;

- nécessité du titre exécutoire aussi pour l'intervention, sauf que pour les créanciers privilégiés inscrits et les créanciers nantis d'un gage ou d'une hypothèque;

- limitation de la recevabilité des oppositions à l'exécution, jusqu'au l'ordonnance qui fixe la vente ou l'attribution;

- pouvoir du juge de l'exécution de recueillir des informations sur les biens saisissables, et obligation des tiers interrogés (tiers qualifiés) de les fournir;

- diffusion de la délégation de la vente même pour les biens meubles;

- publicité possible de la vente à travers de tous les médias.

Il est sans doute regrettable que ces propositions n'aient pas encore été examinées par le Gouvernement et soumises au débat parlementaire.

10. L'*exécution pour obtenir la délivrance d'une chose meuble* (on pourrait la comparer avec la saisie-appréhension) et *pour obtenir la libération d'un immeuble* (expulsion) est acte de *l'huissier de justice.*

A part cela, on pourrait dire que la procédure est très simple (voy. les art. 605 ss. c.p.c.). Après la signification du commandement pour la délivrance ou l'expulsion, l'huissier se rend dans le lieu où se trouvent les choses meubles et les délivre à l'ayant droit ou bien dans le lieu où se trouve l'immeuble pour transférer la possession à la partie requérante.

Mais les choses ne sont pas si faciles, comme il paraît à la lecture des normes du code. Non seulement il y a toujours le problème d'obtenir l'assistance de la force publique, s'il en faut. La législation spéciale sur les baux urbains et celle, parallèle mais différente, sur les baux ruraux, introduites pendant la deuxième guerre mondiale et souvent modifiées, ont infirmé la possibilité, prévue par le code, en faveur du bailleur muni du titre exécutoire, de s'adresser librement à l'huissier pour obtenir la délivrance forcée de l'immeuble. Il est vrai, en revanche, que le législateur est intervenu de façons très différentes: parfois ajournant de plein droit les exécutions, parfois confiant au juge le pouvoir de les ajourner dans des limites de temps préfixés. On a ainsi introduit des procédés préalables à l'exécution, dans lesquels l'initiative a été remise parfois au bailleur, pour obtenir la fixation de la date de l'exécution, parfois au preneur, pour son ajournement. On a là un tableau très complexe, qui ne pourrait pas être simplifié en se référant, pour le baux urbains, à la seule loi n. 392 de 1978 (la loi dite du «loyer équitable») ou, pour les baux ruraux, à la loi n. 203 de 1982. D'autres lois ont été promulguées pour régler le marché des baux urbains, qui ont également modifié les dispositions de procédure. En un mot, on peut dire que la ligne de tendance demeure celle qui consiste à contrôler la marche des procédures d'exécution, par le moyen du juge, en enlevant au titre exécutoire la qualité d'élément suffisant pour y procéder. Les balancements de la législation réfléchissent la crise permanente d'un marché, sur lequel s'affrontent des exigences sociales fort opposées, comme celle de la défense de la propriété, d'une part, et du droit à l'habitation, de l'autre.

11. Enfin, l'*exécution forcée d'une obligation de faire et de ne pas faire* a été également réglée dans le c.p.c. déjà en 1942 (art. 612 ss.).

Elle exige une ordonnance du juge de l'exécution pour déterminer les modalités de l'exécution, qui se transforme souvent dans une intégration du titre exécutoire. La jurisprudence parle en ce cas d'un jugement en sens substantiel, contre lequel la voie d'appel serait ouverte.

Le juge doit autoriser ensuite l'huissier de justice à être assisté par "des personnes qui doivent accomplir l'ouvrage qui n'a pas été exécutée ou bien détruire l'ouvrage exécutée" (art. 612 c.p.c.).

Le problème le plus grave est de savoir si est encore valable la restriction traditionnelle, selon laquelle il doit s'agir d'un *faire*, d'une opération, matérielle et fongible, ou bien cette limite peut être supprimée, comme il a été admis parfois dans le contentieux du travail, et notamment pour l'exécution forcée (du moins partielle) de l'ordre du juge qui a pour objet la réintégration dans l'emploi du travailleur licencié.

Le point de départ de cette évolution a été en effet la norme (art. 18 du «statut des travailleurs», L. n. 300 de 1970) qui, dans le cas de licenciement nul ou non légitime, prévoit que le juge ordonne la réintégration du travailleur dans l'emploi. Il faut dire que cette norme prévoit aussi une mesure de pression sur l'employeur pour l'exécution volontaire de la réintégration, sous la forme d'une obligation de payer le salaire «depuis la date du jugement jusqu'à celle de la réintégration»: une mesure, qui n'a pas la nature d'une astreinte, mais qui est évidemment efficace pour convaincre l'employeur que la réintégration effective est, dans la plupart des cas, le moindre des maux. On retrouve donc là une sanction, qui, à mon avis, n'exige pas, en soi, d'être complétée par l'exécution forcée de l'ordre de réintégration. Cette exécution est au contraire admise par une partie de la jurisprudence (mais non par la Cour de Cassation) et proposée par une partie de la doctrine italienne, dans le cadre d'une lecture tout à fait nouvelle des normes du code([1]). Le juge de l'exécution - qui ne peut pas se substituer, évidemment, à l'employeur dans la direction de l'entreprise, ou dans l'exercice des pouvoirs d'organisation du travail - pourrait ordonner à l'huissier d'accompagner le travailleur jusqu'à son lieu de travail, et ordonner à l'employeur de le rétablir dans la même place et de lui assigner une quantité de travail à accomplir. La doctrine a essayé de justifier ces tentatives de dépasser les limites de la voie d'exécution en affirmant que le droit positif ne ferait pas obstacle à une «exécution forcée partielle», touchant à quelques unes seulement des obligations de l'employeur envers l'employé: à la seule obligation de *pati*, de tolérer la rentrée du travailleur, ou bien aussi à l'obligation de l'assignation du travail. Mais il s'agit de tentatives, qui ne semblent pas être justifiées par le droit écrit, ni sur le plan substantiel, ni sur le plan procédural: sur le premier, parce qu'elles supposent une divisibilité de l'obligation de réintégration, et du droit correspondant du travailleur, qui n'a pas de base, du fait que l'on ne peut pas diviser l'acte de licenciement, qui est le présupposé de l'intervention du juge de la condamnation; et sur le deuxième plan, parce que cette voie d'exécution n'est pas donnée pour substituer des déclarations de volonté du débiteur. Il est évident que, sous cet aspect, cette

---

(1) Pour des indications à ce sujet je fais renvoi à mon Manuale del processo del lavoro, 4ème éd., Milano, Giuffré 1999, n. 49, p. 261 et note 392.

«exécution partielle» se heurte aussi à l'exigence du respect de l'autonomie de l'employeur dans la gestion de l'entreprise. Cela ne veut pas dire que le jugement doive rester sans sanction; mais celle-ci se trouve, comme je l'ai dit, sur le plan pécuniaire. Le pouvoir judiciaire ne peut pas ignorer, au contraire, le caractère non fongible de l'obligation de réintégration, ou prétendre de la diviser et de se substituer à l'entrepreneur, directement ou par un commissaire «*ad acta*».

La théorie, qui veut étendre de cette façon l'exécution forcée des obligation de faire et de ne pas faire, se rallie, d'ailleurs, à celle qui propose une extension de la condamnation civile, au delà même de frontières ainsi tracées, pour plusieurs obligations non fongibles inexécutées. La sanction pénale tiendrait lieu de l'exécution civile, quand elle est totalement ou partiellement impossible. On voit bien donc que l'on se trouve en face d'une opposition radicale entre une nouvelle idéologie et celle, qui revient da la tradition et des textes.

Le système au contraire pourrait être heureusement complété par l'introduction de mesures de pression. Dans cette ligne de tendance, le n. 24 du projet de réforme du c.p.c., précité, prévoit le pouvoir du juge «de condamner l'obligé, sur instance de la partie adverse, au paiement de peines pécuniaires en faveur de l'ayant droit, pour chaque jour de retard dans l'exécution de l'obligation, dans des limites minimales et maximales fixées par la loi»: un pouvoir restreint au cas où le juge «vérifie l'inexécution d'obligations de faire ou de ne pas faire non fongibles mais qui n'exigent pas une capacité professionnelle particulière et qui ne tiennent pas aux droits de la personne», obligations qui devront être déterminées par la loi. On retrouve là l'inspiration du modèle de l'*astreinte*(1), mais aussi le souci de renforcer, par cette voie, les seules obligations qui ne peuvent pas jouir d'une voie directe d'exécution forcée. La deuxième limitation énoncée est suggérée par l'exigence de ne pas toucher à la liberté de l'obligé, et de respecter donc, dans le domaine des *status* personnels et

---

(1) Sur les tentatives, jusqu'ici sans succès, d'introduire cette mesure dans le droit italien, je fais renvoi à ma communication Le problème de l'introduction de l'astreinte en droit italien, dans le volume Dix ans d'applications de l'astreinte, éd. Créadif, Bruxelles 1991, p. 285 ss.

familiaux et de l'activité artistique, scientifique et professionnelle, la valeur civile du principe, selon lequel «*nemo ad factum praecise cogi potest*».

Problèmes actuels des voies d'exécution civile en droit hellénique

par Konstantinos D. KERAMEUS

Professeur de procédure civile à la Faculté de Droit de l'Université d'Athènes
Président de l'Académie Internationale de Droit Comparé.

Tout d'abord je voudrais remercier les organisateurs de ce Colloque et les Directeurs des Instituts d'Études Judiciaires de m'avoir gentiment invité à vos travaux. En effet, les rapports entre les voies d'exécution en Grèce et en France remontent presque au début du XIXème siècle. Le premier Code de procédure civile de la Grèce affranchie, adopté en 1834, fut l'œuvre d'un juriste bavarois, membre de la Régence lors de la minorité du Roi Otto, *Georg Ludwig von Maurer*, qui était professeur de l'histoire du droit, et notamment du droit français, à l'Université de Munich[1]. Profondément influencé par le Code de procédure civile français de 1806[2], il avait législativement dessiné, tout particulièrement les voies d'exécution, sur le modèle napoléonien. Une des conséquences en a été que les ouvrages de *Chauveau et*

---

1 Voir K. Dickopf, Georg Ludwig von Maurer 1790-1872. Eine Biographie (Munchener Historische Studien. Abteilung Neuere Geschichte, vol. 4, 1960).
2 Cf. Kerameus, Neuere Entwicklungen des Zivilprozessrechts in Griechenland, in Kerameus, Studia iuridica III (Sakkoulas/Kluwer, 1995) 107-124 (108); Yessiou-Faltsi, Civil Procedure in Hellas (s.d.) 30-31.

Carré, *Garsonnet et Cézar-Bru*, *Glasson, Tissier et Morel*[1], même les Précis de *Louis Josserand* et *Paul Cuche* ont longuement fait autorité chez les tribunaux helléniques. Il est vrai que le Code actuel de procédure civile, en vigueur depuis 1968[2], a limité la prépondérance de l'influence française dans le but d'aménager également quelques institutions d'exécution provenant des systèmes juridiques de l'Europe centrale ou, tout simplement, afin de codifier nombre de solutions créées entre-temps par la jurisprudence grecque. Il n'en reste pas moins que la doctrine et la jurisprudence françaises sont toujours prises en considération, même sous le Code en vigueur.

Évidemment, il est impossible de faire le point sur un système des voies d'exécution étranger dans un quart d'heure - même devant un auditoire aussi bien informé que savant. Cependant, et avec les risques inhérents dans tout choix dominé largement par le hasard, j'ai été encouragé à vous esquisser trois aspects qui pourraient donner une certaine image du droit d'exécution hellénique en vigueur. Il s'agira, consécutivement, des barrières au contentieux de l'exécution, de l'étendue du sursis à exécution, finalement des rapports ambigus entre privilèges généraux et privilèges spéciaux dans les procédures de distribution.

Quant à la première question, on se souviendra que nombre de systèmes juridiques contemporains, notamment en Amérique latine, construisent les voies d'exécution et leur contrôle juridictionnel en reflet de procédure du jugement, étalant donc le *processus executivus* sur trois instances et permettant le réexamen formel d'une grande partie de questions ayant déjà été tranchées en voie d'arriver à l'autorité de chose jugée[3]. Par contre, la procédure civile hellénique s'est délibérément décidée pas seulement de respecter totalement

---

1 Il en existe une bonne traduction en grec et, en même temps, adaptation au droit hellénique, élaborée par le professeur G.Th. Rammos, vol. I-VI (Athènes, 1931-1940).

2 Voir, pour un résumé raisonné, Kerameus, Judicial organization and civil procedure, in Kerameus/Kozyris (sous la direction de), Introduction to Greek Law2 (Deventer/Boston, 1993) 265-299.

3 Cf. Kerameus, Enforcement in the International Context, Recueil des Cours vol. 264 (1997) 280-282.

l'autorité de chose jugée pendant le déroulement des voies d'exécution, mais également de restreindre, en termes de temps, l'ouverture de l'opposition. Celle-ci peut être formée contre la validité tant du titre exécutoire que des actes d'exécution[1]. Mais on a introduit une restriction graduelle des moyens d'opposition. C'est ainsi que le titre exécutoire comme aussi les actes d'exécution entrepris avant la saisie, donc dans la phase préparatoire, peuvent être attaqués dans un délai de quinze jours après l'imposition de la saisie[2]. La deuxième étape concerne les actes d'exécution entre la saisie et le commencement du dernier acte d'exécution, c'est-à-dire, régulièrement, les enchères[3]. Les actes mentionnés peuvent former l'objet d'une opposition seulement jusqu'au commencement du dernier acte d'exécution. Le même délai vaut en ce qui concerne la contestation de la créance, bien sûr uniquement dans la mesure où celle-ci n'est pas couverte par l'autorité de chose jugée[4], par exemple parce que le débiteur soulève le paiement ultérieur de la créance[5], ou parce que le titre exécutoire est extrajudiciaire et, par là, dépourvu de l'autorité de chose jugée. Finalement, la troisième et dernière étape concerne l'acte d'exécution final, c'est-à-dire le procès-verbal de l'adjudication. Celui-ci peut être attaqué dans les 30 jours en matière de saisie mobilière, et dans les 90 jours en matière de saisie immobilière[6]. Aussitôt que le délai prévu pour les actes d'exécution appartenant à une catégorie antérieure a été épuisé, les vices respectifs sont présumés couverts et personne ne peut plus s'en prévaloir[7].

---

1 Cf. la consultation de G.Mitsopoulos/K.Kerameus/P.Yessiou-Faltsi, Justice hellénique 30 (1989) 897 (900 II-901 II).

2 C.proc.civ. art. 934 I. Ce qui compte, en termes de temps, c'est l'événement causal, donc la réalisation du motif de l'attaque plutôt que son effet, c'est-à-dire l'acte lui-même attaqué par le moyen de l'opposition. Cf. Cour de Thessalonique 74/1990, Justice hellénique 31 (1990) 1305 (1306 I). Voir le texte infra après l'indicateur 12.

3 C.proc.civ. art. 934 I b, II.

4 C.proc.civ. art. 933 III.

5 Voir Cour d'Athènes 9644/1982, Dike 1983. 36; Kerameus, Droit judiciaire privé. Partie générale (en grec, 1986) no. 122 p. 315-316.

6 C.proc.civ. art. 934 I c.

7 Aréopage 478/1978, NoB 27 (1979) 215 (216); 1113/1983, Justice hellénique 25 (1984) 563.

Ce système d'élimination graduelle des moyens d'opposition a été appliqué par la jurisprudence avec la rigidité requise par le législateur. Particulièrement les débiteurs se sont efforcés, à plusieurs reprises, de confondre les frontières entre la deuxième et la troisième étape, en voulant proposer des moyens d'opposition qui touchent à la préparation des enchères, par exemple la détermination de la mise à prix, comme s'il s'agirait de la validité des enchères elles-mêmes, donc dans un délai de 90 jours après celles-ci. La jurisprudence a fermement écarté ce raisonnement[1]. Elle maintient que c'est seulement dans les cas exceptionnels où, par disposition expresse, un vice particulier dans la procédure menant aux enchères en enlève la validité, que celle-ci peut être prise en considération avec l'effet direct que le débiteur tombe dorénavant dans la troisième étape et peut, donc, disposer du délai additionnel de 90 jours. Autrement, et c'est dire: dans la vaste majorité des cas, où l'impact du vice dont il s'agit sur la validité des enchères dépend de la discrétion du juge, c' est le vice lui-même et pas son éventuel effet qui compte et déclenche le délai pour former opposition. On finit donc par qualifier les actes d'exécution, en tant qu'objets d'opposition et de contrôle judiciaire, en fonction de leur survenance plutôt que de leurs conséquences, ce qui restreint les ouvertures à opposition et crée, en l'élargissant d'ailleurs peu à peu, un noyau d'immunité juridictionnelle des voies d'exécution.

Si, en matière d'opposition, on a suivi la voie austère de restriction, en matière de sursis à exécution on s'est montré plus favorable à la protection du débiteur. Et ceci sur un double niveau. D'abord, sur le niveau législatif. En droit hellénique, l'autorité de chose jugée et la force exécutoire prennent naissance aussitôt que les deux voies de recours ordinaires, c'est-à-dire l'opposition de la partie défaillante et l'appel, ont été épuisées[2]. En revanche, les deux voies extraordinaires (recours en révision et pourvoi en cassation) n'ont pas d'effet suspensif[3]. Néanmoins, il est permis à une formation restreinte de la chambre de cassation de suspendre, sur requête, l'exécution du

---

1 Aréopage 186/1976, NoB 24 (1976) 713 II; 160/1985, Justice hellénique 26 (1985) 660 (661) ; 396/1988, NoB 37 (1989) 429.

2 C. proc. civ. art. 321, 904 II a.

3 C. proc. civ. art. 546 I 1, 565 I 1.

jugement attaqué[1]. Une discrétion encore plus large est reconnue aux juges du fond de suspendre l'exécution provisoire d'un jugement de première instance sur requête de la partie qui a formé opposition ou appel[2].

Le tableau est complété par des mesures additionnelles qui sont prévues particulièrement en matière de voies d'exécution. C'est ainsi que toute partie, même un tiers, qui a formé opposition contre un acte d'exécution, peut en demander le sursis[3]. Plus spécialement, en exécution immobilière, le débiteur peut demander le sursis à l'adjudication jusqu'à six mois[4]. On est donc témoin d'amples possibilités de sursis qui peuvent, en certains cas, opérer parallèlement ou additionnellement[5]. Cette complémentarité se vérifie notamment en matière d'injonction à payer. Ici, une première suspension peut être prononcée sur requête du débiteur qui a formé opposition[6]. Mais le commandement sur base de l'injonction peut également être attaqué par opposition accompagnée d'une requête renouvelée de sursis[7].

D'autre part, la jurisprudence a fait plein emploi du pouvoir discrétionnaire qui lui a été décerné. Particulièrement en face d'un pourvoi en cassation qui n'est pas dépourvu de toutes chances de succès et se dirige contre un adversaire pas tellement solvable, donc si la restitution du produit de l'exécution reste douteuse, les formations compétentes de la Cour de cassation sont prêtes à accorder sursis à exécution. Cette attitude implique pratiquement une transformation partielle du pourvoi en cassation de recours extraordinaire à recours avec effet suspensif, donc ordinaire. La raison principale, pour laquelle une partie se pourvoit en cassation, c'est souvent d'obtenir la

---

1 C. proc. civ. art. 565 II.

2 C. proc. civ. art. 912, tel que modifié par l'art. 10 VIII de la loi 2145/1993. Le sursis à exécution peut être autorisé dans le cas mentionné sous la condition que la réussite de la voie d'opposition ou d'appel est vraisemblable.

3 C. proc. civ. art. 938.

4 C. proc. civ. art. 1000 I.

5 Voir Yessiou-Faltsi, Voies d'exécution I (en grec, 1998) 513-515.

6 C. proc. civ. art. 632 II 2.

7 Voir Brinias, Défense contre l'injonction à payer, NoB 24 (1976) 501-507.

chance d'un sursis à exécution[1]. Le rapport presque illégitime entre cassation et suspension se vérifie spectaculairement lorsque le législateur parfois se décide d'interdire, pour certaines matières, le sursis à exécution à cause de pourvoi en cassation[2]. On voit alors le nombre de pourvois tomber radicalement.

Le dernier aspect, que je voudrais signaler, se tourne vers les procédures de distribution, notamment en matière de concurrence entre privilèges généraux et privilèges spéciaux qui accompagnent certaines catégories de créances. Les privilèges généraux sont accordés aux créances de soins médicaux pendant les douze derniers mois, aux créances d'aliments pendant les six derniers mois, aux rémunérations du travail et aux honoraires d'avocats, aux créances provenant de la vente de produits agricoles, tout particulièrement aux créances de l'État en matière de taxes et impôts comme aussi aux créances portant sur les contributions de sécurité sociale pendant les deux derniers ans avant la vente aux enchères[3]: la règle classique a toujours été que les créances accompagnées d'un privilège général sont payées avant celles-ci qui sont dotées d'un privilège spécial, c'est-à-dire gage ou hypothèque[4]. Comme l'État tend toujours à élargir le cercle des privilèges généraux, surtout ceux qui reviennent à ses prétentions fiscales, il arrivait souvent que les privilèges spéciaux restaient finalement insatisfaits, ce qui conduisait à l'élimination des sûretés réelles[5].

Face à cet état de choses, le législateur a réagi en deux temps, partiellement contradictoires entre eux. D'une part, il a inventé, en

1 Cette considération est encore corroborée par le fait que la décision de la chambre restreinte d'autoriser le sursis à exécution ne dépend pas des chances du pourvoi en cassation sous-jacent d'aboutir. Cf., par exemple, Aréopage (en chambre du conseil) 814/1983, Dike 14 (1983) 280/281.

2 P. ex. art. 9 II de la loi 2041/1992, tel que remplacé par l'art. 2 XXIII de la loi 2235/1994, en matière de baux commerciaux.

3 C. proc. civ. art. 975.

4 Voir Oeconomidis/Livadas/Gidopoulos, Manuel de procédure civile7 III (en grec, 1926) § 277 p. 352-356, § 278 p. 361-362.

5 Projet de Code de procédure civile VIII (Athènes, 1959) 30-31.

1962[1] en exécution immobilière, la division du prix de vente en trois parties égales, dont seulement la première est réservée aux privilèges généraux, tandis que les deux tiers reviennent de préférence aux privilèges spéciaux. De la sorte, les hypothèques sont dorénavant réduites pratiquement à deux tiers du prix de vente, mais peuvent au minimum se prévaloir de ce pourcentage sans avoir peur d'autre concours. D'autre part, le législateur a suivi en 1985[2] la voie opposée, en réduisant pratiquement la valeur des sûretés réelles. Maintenant, le privilège général des rémunérations du travail non seulement est étendu aux deux derniers ans[3] avant la date initiale de la vente aux enchères, mais, surtout, il est satisfait avant la division du prix de vente en un tiers et deux tiers, donc, en fin de compte, aux dépens des sûretés réelles. La résultat pratique en est que nombre de poursuites pour dettes commerciales contre des entreprises disposant d'une force salariée considérable ne mènent pas à la satisfaction des créances, même privilégiées, en dehors des créances de travail ou fiscales.

Que conclure? Tandis que le Code de procédure civile actuel a instauré un système raisonnable et bien équilibré des voies d'exécution, les contraintes de la vie sociale ont parfois incité tant le législateur que la jurisprudence à y introduire des règles d'exception imposées souvent par des considérations d'équité. Dans la mesure où ces règles d'exception ont été adoptées par le législateur, la jurisprudence s'y est généralement inclinée sans vouloir adopter des obstacles d'ordre constitutionnel[4]. Ce faisant, elle a rigoureusement séparé le droit substantiel en cause de sa mise à exécution. Elle maintient que les modalités d'exécution n'appartiennent pas au droit lui-même, mais en constituent d'éléments externes qui méritent leur propre régime juridique. Des conséquences importantes en découlent

1 Décret-loi 4256/1962 art. 8.1, 3.

2 Loi 1545/1985 art. 31.

3 Par rapport aux six mois encore prévus dans le texte initial du nouveau Code de procédure civile (art. 1039 no. 3). Cf., pour l'état actuel des choses, Aréopage 476/1999 (arrêt qui n'a pas été, pour le moment, publié dans la presse juridique).

4 Voir Aréopage 458/1990, NoB 39 (1991) 753-754; 309/1994, NoB 43 (1995) 237-238.

en ce qui concerne le droit transitoire et le droit international privé[1]. Ce qui est plus, on y devine la position fondamentale du droit hellénique qui tient beaucoup à la distinction du fond et de la forme et néglige parfois les relations fonctionnelles entre ces deux dimensions juridiques.

1 Aréopage 458/1990, 309/1994, précités (n. 31).

Débat

Question à Mme FERRAND

Ma question porte sur le serment auquel vous avez fait allusion durant votre exposé, manifestement les gens qui sont amenés à prêter ce serment sont dans une certaine difficulté financière dont généralement sociale. Cet exposé m'a fait penser à la situation des personnes surendettées, celles qui pour lesquelles on peut être amené à ouvrir une procédure de surendettement en droit français. Or, l'expérience montre que bien souvent, les personnes qui sont en situation de surendettement souffrent d'une certaine irresponsabilité morale, pas systématiquement, mais bien souvent, c'est-à-dire que si on leur demande de dire quel est le contenu de leur patrimoine et notamment le contenu du passif de leur patrimoine ? quelles sont les dettes qu'elles ont pu contracter par ci, par là, bien souvent, elles ne le savent pas parce qu'elles n'ont gardé aucune note, elles ne conservent pas leurs papiers, elles oublient tout. Je me suis souvent demandé si l'obligation de remplir ces documents très précis et très longs que vous nous avez montrés, n'était pas source de difficultés importantes pour ces personnes et si ce document est vraiment réaliste, c'est-à-dire que est-ce que l'on peut vraiment espérer que ce type de personnes puissent sérieusement et efficacement remplir ces documents et à votre avis qu'est-ce qui en ait en pratique ?

Réponse de Mme FERRAND

Effectivement le document est très précis, assez complexe, on demande également au débiteur s'il a une entreprise, quelles créances il a pu céder, quelles créances ont déjà été saisies, je vous cite juste quelques exemples, est-ce qu'il y a des constructions, est-ce qu'il y a des constructions sur le terrain d'un tiers ? quels sont les droits des sociétaires qu'il peut posséder, quels sont les différents matériels dont il dispose, instrument de travail, etc, est-ce qu'il y a des enchères publiques ordonnées par le tribunal oui ou non, de quelle façon, cela paraît un document très technique. Contrairement au droit français, la différence fondamentale c'est qu'il y une sanction en cas de faux serments, je ne sais pas exactement dans la pratique comment le débiteur fait, il remplit cette déclaration souvent en présence de l'huissier ou avec des informations données par l'huissier. M. NAISSES - c'est un jeune collègue allemand de l'Université de Munster qui est en recherche chez nous actuellement, il fait un travail sur le droit européen et le droit comparé -, avez-vous une expérience pratique pour les débiteurs de ce document ?

M. NAISSES

Je suis désolé, j'ai un peu travaillé en pratique en Allemagne, je dois dire que je n'ai jamais vu ce document, j'imagine que ce n'est pas très important dans la pratique, je pense que ce document peut être utilisé par les banques, je n'ai pas d'exemple.

Observation de M. THERY

Je suis fort heureux que le droit français n'ait pas adopté un système pareil car cela aurait donné des idées au Ministère des Finances pour les déclarations de patrimoine, et surtout, si le système n'a pas été adopté malgré toutes les pressions qui ont été exercées par les milieux professionnels, c'est pour une raison très simple. C'est moins parce que l'on doutait de la crédibilité du serment, que la répugnance du système français a mêlé le droit pénal au système d'exécution. On ne veut pas que l'on puisse user de ces moyens de pressions dans des conditions que l'on ne pourrait pas toujours maîtriser et c'est pour éviter justement ce mélange entre le droit pénal et les procédures d'exécution que le système n'a pas été refusé.

Question à M. THERY

Si j'ai bien suivi, vous avez défini l'exécution comme la satisfaction du créancier. Est-ce la satisfaction juridique du créancier ou la satisfaction matérielle ? Si c'est la satisfaction juridique, le simple fait que le juge rende une décision en faveur d'une des parties, suffirait à considérer que le jugement est un acte d'exécution ? J'aimerais avoir des précisions sur votre pensée ?

Réponse de M. THERY

J'opinerai volontiers pour la satisfaction matérielle, je dois dire que j'ai toujours été surpris, la question a été invoquée lors de l'introduction des travaux, par l'idée de MOTULSKY qui parle de la réalisation du droit et qui ne parle que du jugement. C'est peut être très trivial comme remarque mais la réalisation du droit, je suis désolé, n'est pas du jugement. C'est lorsque la situation juridique ou la situation réelle est conforme à la situation juridique, lorsque la situation pratique est conforme à ce qu'elle devrait être d'après le droit. Je crois que c'est le sens des arrêts de la Cour Européenne de Strasbourg lorsqu'elle dit que le procès équitable ne peut pas s'arrêter, c'est d'ailleurs dit expressément dans l'arrêt Hornsby, lorsqu'on dit que l'on ne peut pas s'arrêter au jugement mais que la satisfaction est un élément essentiel de la procédure, de l'exécution ou du droit en général, c'est comme cela que moi je conçois l'exécution. L'exécution est matérielle mais pas toujours dans certains cas. Il y a des modes d'exécution qui sont purement juridiques mais il est bien certain que je parle de satisfaction que lorsque le créancier est véritablement remplit de ses droits et non pas simplement lorsqu'il a un titre qui lui permet le cas échéant de le faire valoir.

Question à M. THERY

Vous avez parlé tout à l'heure des rapports entre les titres judiciaires et extrajudiciaires, je voudrais savoir s'il y a une hiérarchisation entre les deux, et s'il peut y avoir substitution de l'un à l'autre, si non quelle serait la sanction ?

Réponse de M. THERY

Si l'on se reporte à la loi de 1991, il n'y a pas de hiérarchie, ils sont tous aptes à permettre au créancier de mettre en œuvre des mesures d'exécution forcée. S'il y a une hiérarchie à faire, elle vient de la nature particulière de chacun des titres qui peut être visée par la loi de 1991. Prenons le jugement, pour que le jugement soit exécutoire (je passe la question d'exécution provisoire), il faut en principe qu'il soit passé en face de choses jugées, c'est-à-dire qu'ici, on ne peut remettre en cause, en principe, ni le titre en tant qu'*instrumentum*, ni la chose jugée en tant que *negotium*, si vous voulez comme contenu de la décision de justice. En revanche, si vous prenez d'autres titres exécutoires, l'ordonnance d'injonction de payer qui a été rendu exécutoire mais qui n'a pas été signifiée à personne, c'est un titre exécutoire mais qui permet qu'après le premier acte d'exécution, on puisse dans le délai d'un mois par voie d'exécution, provoquer un contentieux, c'est un titre exécutoire qui peut être anéanti postérieurement. C'est la même chose pour un certain nombre de titres exécutoires administratifs. On les notifie au redevable ou au débiteur, et ils sont exécutoires de naissance en quelque sorte, mais si l'opposition est formée dans un délai qui peut varier avec les titres, alors on débouche sur un contentieux. C'est ce que j'ai appelé le renversement ou l'imbrication chronologique de la juridiction, de l'exécution.

L'exemple de l'acte notarié est assez significatif, un acte notarié est un contrat, il est susceptible d'être critiqué pour toutes les causes qui permettent de critiquer des contrats ordinaires. Ce n'est pas parce que le contrat a été notifié par un notaire qu'il ne peut pas y avoir un vice de consentement ou tout autre cause de critique. La seule chose que l'on sait parce que la Cour de Cassation nous l'a dit dans un avis de 1995, c'est que le juge de l'exécution ne tranche pas cette difficulté. Cette difficulté surviendra à l'occasion d'une mesure d'exécution. Ce n'est pas une hiérarchie parce que tous ces titres sont également aptes à permettre à celui qui les détient de pratiquer une mesure d'exécution forcée, mais il est vrai que certains titres ont une certaine fragilité (ordonnance de référé, provision qui peut être infirmée par la Cour d'Appel, il y a de multiples exemples), tous ces titres ont une certaine fragilité qui peuvent être constatés après qu'une mesure d'exécution ait été mise en œuvre mais je ne crois pas que cela permet d'établir une hiérarchisation entre les textes.

Question à M. THERY

Si par exemple dans un règlement de copropriété, il est prévu que la constatation des créances se fera par acte notarié, est-ce que lors de la saisie on pourrait par exemple passer par un jugement au lieu de respecter la loi des parties qui est le règlement ? Est-ce qu'il peut y avoir substitution, par exemple un contrat prévoira une certaine forme d'exécution ?

Réponse de M. THERY

C'est une question déroutante à laquelle je n'avais jamais réfléchi, donc vous m'obliger à le faire, c'était une bonne chose. Pratiquement votre proposition soulève quand même de grandes difficultés. En supposant, (je crois que je n'en ait jamais rencontré dans les règlements de copropriété) qu'on dise que l'exécution des dettes des copropriétaires envers la copropriété sera faite au moyen d'un acte notarié : cela implique que le notaire intervient pour constater avec la participation du débiteur et la participation du syndic qui représenterait la copropriété créancière, l'existence des créances. Mais si le débiteur ne veut pas venir, il faut quand même que l'on trouve un moyen pour la copropriété de faire établir dans un titre exécutoire, les créances dont elle peut être titulaire à l'encontre du copropriétaire. Alors cela introduit, est-ce peut être le véritable sens de votre question, une différence entre les titres exécutoires qui ont une base conventionnelle et les titres exécutoires qui sont à base juridictionnels. Parce qu'il est bien évident que la convention suppose l'accord des deux parties. L'approche générale c'est que cet accord des deux parties ait été donné avant que les difficultés ne surviennent. Votre exemple laisserait presque entendre qu'il faudrait établir un acte notarié au moment où les difficultés apparaissent, ce qui est évidemment extrêmement difficile. Alors que, quand il s'agit de saisir un tribunal, il y a une très grosse supériorité du procès sur toutes les autres manières de régler les litiges, mais on peut saisir unilatéralement un tribunal, on n'a pas besoin de l'accord de son adversaire. En ce sens même si l'on peut considérer que le procès est une mauvaise chose, qu'il devrait avoir un caractère résiduel, il a quand même une très grande supériorité par rapport à tous les autres modes de règlement de litiges. C'est que si je recours à l'arbitrage, il faut qu'il y ait au moins une convention à l'arbitrage, si l'on veut faire une transaction, il faut que les deux parties soient d'accord, si l'on veut faire une médiation, c'est la même chose. En revanche, si on veut faire un procès, je me passe de l'accord de mon adversaire, là il y a une hiérarchie, mais je ne suis pas sûr, en tout cas il ne se traduira pas dans le caractère exécutoire du titre.

Question

Il y a eu une description de tous les systèmes, il y a eu la notion d'exécution et en matière de saisie immobilière et mobilière, est-ce que le principe même de ces saisies n'est-il jamais mis en cause, est-ce que aujourd'hui, on ne peut considérer que c'est une barbarie comme on considérait pendant des siècles qu'il était barbare de retenir une personne chez elle pour constituer des gages du créancier ? Est-ce que personne ne remet en cause le principe même, est-ce qu'aujourd'hui ce n'est pas barbare étant donné l'évolution de la société ? Et rapport aux principes de propriétés surtout, est-ce qu'il n'y aurait pas d'autres solutions alternatives ?

Réponse de M.THERY

Si. On a dans notre droit des limitations à la saisie, saisie sur salaire, on ne peut pas tout saisir chez un débiteur récalcitrant. En revanche, refusé la saisie reviendrait d'une manière ou d'une autre à instaurer une justice privée, c'est la vendetta. On a là un droit de propriété qui est un des fondements de notre société qui est la reconnaissance de la liberté pour quelqu'un de travailler, de prendre des risques, d'avoir des initiatives, ou acquérir des biens et en faire ce qu'il veut. Si on refuse à cette personne, la certitude quand elle agit d'avoir le droit ou le fruit de son travail, entre autre, le fruit de son initiative, de son industrie, avoir du crédit qu'elle donne, si on lui refuse, elle n'agira plus, plus de prospérité. Si on lui refuse ce droit, elle agira quand même, volonté naturelle de l'homme d'avoir le fruit de son travail, donc c'est la vendetta, la justice privée. Donc là, s'il n'y a pas de saisies légales organisées, réglementées, ce serait autrement

Réponse de M.PERROT

La question est peut être entendue dans beaucoup de sens et il y a peut être beaucoup d'arrières pensées à la question que vous posez. Indépendamment de tout cela, il faut savoir que s'il n'y a pas de moyens énergiques pour obtenir le recouvrement des créances, des obligations d'une manière générale, vous avez des gens qui sont derrières, et qui sont tous prêts à intervenir sur le plan privé. Il y a toute une série d'officines qui guettent et qui font justice, qui sont prêtes à faire de l'exécution. Mais dans quelle condition ? Là vous pouvez parler de la barbarie.

Il y a d'autre part, ce qui est vrai dans votre question, on ne le mesure pas suffisamment, c'est qu'effectivement au cours des siècles, les moyens d'exécution évoluent en fonction d'une certaine éthique, en fonction du temps, en fonction de la civilisation. Quand on pense qu'il y a deux millénaires, on permettrait au créancier d'enfermer le débiteur dans sa geôle privée. Cela nous paraît proprement horrifiant. Quand on pense qu'au bout de 60 jours, il pouvait être livré à la mort, ou comme un esclave transtibérine, on se dit que vraiment les temps ont changé. Mais oui, les temps ont changé. On ne se rend pas compte que les modalités d'exécution évoluent, ce qui nous paraît proprement horrifiant aujourd'hui, paraissait normal il y a deux millénaires. Or, les moyens d'exécution évoluent encore à l'heure actuelle, il y a toute une phase qu'on oublie un peu trop vite et tous les moyens de contraintes par dissuasion qui sont mis sur pied un peu partout dans tous les pays pour essayer de susciter l'adhésion du débiteur. Il y a l'astreinte que l'on connaît depuis longtemps, il y a d'autres moyens, c'est la saisie des véhicules automobiles, l'immobilisation des véhicules automobiles. Tous ces moyens de contraintes indirectes pour dire au débiteur, « mesurez bien le danger de votre résistance ». On rejoint ce que disait admirablement ce matin M. THERY : on essaye de susciter l'adhésion du débiteur, car il est vrai que entre l'exécution forcée et l'exécution amiable, il y a une gamme insensible et c'est dans cette gamme insensible qu'il faut jouer si on veut être moins barbare, pour employer votre expression, les modalités d'exécution.

La convention de Bruxelles II : la reconnaissance et l'exécution des décisions en matière matrimoniale

par Alegría BORRAS

Professeur à l'Université de Barcelone

INTRODUCTION

Après avoir remercié très sincèrement l'invitation à participer dans ce Colloque, je dois faire trois considérations préalables:

1) La première, que dans le conteste de ce Colloque, mon intervention tombe sur un sujet diffèrent de ces auxquels se réfèrent les autres interventions. En effet, les autres interventions ont rapport à ce qu'on appelle *stricto sensu* "l'exécution", tandis que mon intervention se réfère à la reconnaissance et l'exécution en Droit international privé, c'est à dire, mon intervention se borne à comment une décision étrangère est reconnue et peut produire des effets dans l'ordre interne. En ce sens, mon intervention finit où les autres commencent.

2) Deuxième remarque, le titre de mon intervention se réfère à la Convention de Bruxelles et habituellement, quand on parle de la Convention de Bruxelles on parle de la Convention de Bruxelles de 1968, Convention sur la compétence judiciaire, la reconnaissance et l'exécution des décisions en matière civile et commerciale, Convention qui exclut les affaires du droit de famille et se borne aux affaires patrimoniales. Mon intervention, en se référant à la reconnaissance et l'exécution des décisions en matière matrimoniale,

tombe dans le domaine de la Convention dite "Bruxelles II", en raison de sa parenté avec la Convention de 1968, laquelle serait "Bruxelles I". L'objet de mon intervention est, donc, la convention du 28 mai 1998, concernant la compétence, la reconnaissance et l'exécution des décisions en matière matrimoniale.

L'origine de cette Convention se trouve dans les travaux du Groupe Européen de Droit international privé qui conduisaient à l'approbation du dit "Projet de Heidelberg", lequel était beaucoup plus ambitieux. Le fait d'être l'un de deux membres espagnols du Groupe et le fait d'avoir participé comme rapporteur de la Convention sont deux faits qui m'ont permis d'être témoin d'exception de cet important processus, quand pour la première fois l'Union Européenne s'occupe d'une affaire de droit de famille.

3) Troisième remarque, le moment actuel est particulièrement pertinent pour parler de la Convention de Bruxelles II.. Le traité d'Amsterdam a infléchi la logique intergouvernementale qui avait prévalu jusqu'ici en matière judiciaire et, sur la base des arts. 61 c) et 65 du Traité de la Communauté européenne, la Commission présentait une proposition de Règlement, publiée au JOCE C 247 E71, de 31 août 1999, portant sur la transformation de la Convention de Bruxelles II en un Règlement, en introduisant seulement quelques modifications, lesquelles obéissent à deux faits :

- le premier, lié à la transformation d'un Convention en un instrument de droit dérivé, voir un règlement ;

- le deuxième, dérive du fait que un groupe de travail *ad hoc* a travaillé pour la révision des conventions de Bruxelles et de Lugano : après l'entrée en vigueur du Traité d'Amsterdam, aussi la Convention de Bruxelles I va devenir un règlement, lequel gardera la substance de la révision. Quelques règles révisées sont introduites dans Bruxelles II.

Malgré la brièveté de mon intervention, je devrai faire mention de la situation actuelle des travaux en cours à la Communauté, notamment, après la réunion d'avant-hier, mardi le 16 novembre, parce que une nouvelle réunion (presque la dernière réunion) pour la préparation du

Règlement Bruxelles II a eu lieu. Après on devra voir les propositions de modification du Parlement Européen et l'avis du Comité Economique et Social.

Mon intervention sera divisée en deux parties, la première sur la situation et les problèmes actuels et la deuxième pour mettre l'accent sur ce que la Convention de Bruxelles II va signifier pour le citoyen européen, pour finir avec quelques considérations finales.

I LA SITUATION ACTUELLE

Un cas peut nous illustrer sur la situation typique : un français est marié avec une allemande et ils on un enfant, né en France. Ils vivent à Berlin. Le couple se sépare et le mari français rentre à Paris avec l'enfant et il saisit le Juge aux Affaires familiales pour demander le divorce et la garde de l'enfant. La femme saisit le juge allemand des mêmes demandes. Que se passe t-il ?

Le juge aux Affaires familiales de Paris se déclarera compétent sur la base de la nationalité française du mari (art. 14 Code civil) et il lui attribuera vraisemblablement la garde de l'entant. De son coté le juge de Berlin se déclarera également compétent (résidence de la famille) et attribuera vraisemblablement la garde de l'enfant à la mère. Cette dernière a peu d'espoir de voir respectée cette décision de Berlin et faire venir l'enfant de Paris pour vivre à ses cotés, si le père s'y refuse.

La décision de Berlin ne sera jamais déclarée exécutoire en France et ne pourra donc pas y être exécutée par la force, car elle heurte la compétence exclusive du juge français liée à la nationalité française du père et de l'enfant. Elle se heurte en outre à une décision française déjà exécutoire. Par ailleurs le rapatriement de l'enfant à Berlin en application de la Convention de La Haye du 1980 sur l'enlèvement international des enfants sera très aléatoire. Il dépendra de la célérité avec laquelle la mère saisira l'autorité centrale, de la réponse du juge français sur l'appréciation du caractère illicite ou non du déplacement de l'enfant de Berlin à Paris par le père et de l'existence d'une cause de refus du retour de l'enfant (art. 13).

Quelles sont les causes de cette situation ?

- Il n'y a pas de règles conventionnelles de compétence judiciaire internationale ;

- Il n'y a pas une règle sur la litispendance internationale ;

- En conséquence, il est possible d'avoir des décisions boiteuses ;

- Quand il y a des conventions internationales en la matière, elles se bornent à la reconnaissance et l'exécution des décisions et, normalement, une des raisons du refus de l'exequatur est l'incompatibilité avec une décision rendue à l'Etat requis ;

La Convention de La Haye sur l'enlèvement d'enfants de 1980 est très utile pour résoudre une situation, mais elle n'a pas une fonction préventive.

II. LA SITUATION APRES BRUXELLES II

Nous allons voir maintenant quelle serait la situation si Bruxelles II était applicable.

Pour poursuivre avec le même exemple, le juge aux affaires familiales de Paris sera obligé, selon les arts. 9 (vérification d'office de la compétence) et 11 (litispendance et actions dépendantes) de la Convention de Bruxelles II, de se déclarer incompétent au profit du juge de Berlin, seul compétent selon les arts. 2 et 3 de la même Convention. En effet, Berlin est le lieu où se trouve la dernière résidence habituelle des époux et où la femme y réside encore, tandis que pour saisir la cour de Paris il faut que le demandeur ait résidé depuis au moins six mois immédiatement avant l'introduction de la demande, en plus d'être ressortissant français.

Dans cette situation, le père retiendra donc l'enfant sans titre. La décision du juge de Berlin attribuant la garde de l'enfant à la mère pourra, si nécessaire, être déclarée exécutoire en France et y être exécutée par la force si le père s'y refuse en application d'une procédure légère et simple organisée avec précision par la Convention de Bruxelles II.

Quels sont, donc, les éléments du nouvel instrument communautaire qui feront changer la situation d'un façon tellement importante ? Les trois aspects qui méritent d'être soulignés sont les suivants :

- La convention établit des règles de compétence directe uniques ;
- La Convention contient une règle sur la litispendance et les actions dépendantes ;
- La Convention contient des règles précises sur la reconnaissance et l'exécution des décisions.

Nous allons maintenant voir chacun de ses éléments.

1. LES CRITERES DE COMPETENCE

La Convention est une convention double, c'est à dire, elle contient des règles de compétence judiciaire internationale directe et des règles pour la reconnaissance et l'exécution des décisions.

La structure de la Convention implique qu'on doit établir en premier lieu les règles de compétence pour les affaires matrimoniales et, comme conséquence de celle-ci, la compétence pour la responsabilité parentale des enfants communs.

A) La première question fait référence à l'article 2, qui contient les critères de compétence en matière matrimoniale. Ces critères sont les seuls qu'on peut utiliser, et c'est le sens du terme "exclusif" à l'art. 7 de la Convention. La règle de l'art. 2 constitue une nouveauté, étant donné que jusqu'à présent, aucune Convention n'avait inclue des règles de compétence directe en cette matière.

Mais, est-ce que cette règle empêche vraiment le *forum shopping,* c'est-à-dire, la conduite des parties tendant à tirer profit des différences entre les ordres juridiques des Etats en saisissant les juridictions de l'un ou l'autre Etat ? L'existence de six fors à l'alinéa a) et un autre à l'alinéa b) peut donner l'impression d'une introduction du *favor divortii*. La réalité est qu'il s'agit seulement du résultat de l'accumulation des critères admis dans les Etats membres. Il reste donc une possibilité de *forum shopping*: Si dans un cas d'espèce plusieurs critères se donnent au même temps, leur caractère alternatif offre un large marge d'élection au demandeur, malgré le fait d'être des fors objectifs. Il n'est pas, donc, étrange, que l'on commence à travailler sur ce qu'on appelle « Rome III » que devra être un instrument communautaire relative à la loi applicable au divorce, de telle façon que quelque que soit le tribunal compétent, on va appliquer la même loi. Pour vous éclairer sur la jargon communautaire, « Rome I » est la Convention de 1980 relative à la loi applicable aux obligations contractuelles, « Rome II » est l'instrument en préparation relative à la loi applicable aux obligations non-contractuelles et après viendra « Rome III ».

B) L'article 3 établit la compétence des juridictions de l'Etat où la compétence est exercée pour statuer sur une demande matrimoniale pour toute question relative à la responsabilité parentale. Il y a donc une *vis attractiva* du for de l'art. 2 pour les questions de responsabilité parentale, laquelle est justifiée par les liens étroits entre les deux questions. Cette *vis attractiva* a cependant des limites importantes :

a) Premier limite, il doit s'agir d'un enfant commun des époux.

b) Deuxième limite, il doit résider dans l'Etat membre dont les juridictions ont la compétence pour l'affaire matrimoniale. Si ce n'est pas le cas, la compétence des autorités de l'Etat où la compétence est exercée pour statuer sur la demande matrimoniale subsiste seulement si les circonstances du paragraphe 2 existent. Il est possible alors que la juridiction du divorce soit compétente pour un enfant que réside chez les parents mais non pour d'autres qui résident dans un autre pays, avec des solutions différentes selon que l'enfant réside ou non dans un autre Etat Membre.

c) Troisième limite, la compétence prend fin quand l'affaire matrimoniale finit. On peut avoir des hésitations sur la question de la possibilité de demander, le jour après, une modification des mesures, sur la base de la modification des circonstances, motif qu'il est toujours possible de faire valoir après un divorce.

d) Enfin, la Convention de La Haye de 1980 en matière d'enlèvement d'enfants et notamment ses arts. 3 et 16 continuent à s'appliquer, pour éviter les effets d'une modification de la résidence habituelle qui, en fait, aurait pu avoir lieu.

2. LITISPENDANCE ET ACTIONS DEPENDANTES

Il faut souligner la règle sur la litispendance et les actions dépendantes que, avec la règle sur la reconnaissance que je vais mentionner tout suit, justifierait elle seule la Convention.

L'art. 11 de la Convention établit une règle novatrice pour la litispendance et les actions dites "dépendantes". Un des problèmes dans les affaires matrimoniales est le fait que chacun des époux peut saisir la cour d'un Etat diffèrent, avec la conséquence d'avoir deux litiges parallèles et, à la fin, des décisions contradictoires. Pour la litispendance classique ou pure la règle est, comme toujours, la règle *prior temporis*, c'est à dire l'affaire sera décidée par la cour saisie en premier lieu. Mais que faire quand un des ordres juridiques impliqués ne connaissent pas la séparation ou la nullité du mariage ? Ou que faire quand la première demande est en annulation et la seconde en divorce ? Dans ces situations des actions dépendantes, le paragraphe 2 établit aussi la compétence de la cour saisie en premier lieu. Enfin, la nouveauté se trouve aussi dans le paragraphe 3, lequel permet dans les deux cas (c'est à dire, pas seulement pour le cas particulier du paragraphe 2) que le demandeur ayant saisi la seconde juridiction peut, s'il le souhaite, porter cette action devant la juridiction qui s'est déclarée compétente du fait qu'elle a été la première saisie. Cette disposition suscite, cependant, des réserves étant donné que cette possibilité n'a pas de limites, même si le droit interne ne connaît pas ni la séparation ni le divorce. Il y a des points d'interrogation : quelle est la loi applicable? Est ce qu'il y aura une règle de compétence territoriale interne? Quel est le sens de l'équivalence d'effets?

Et il y a, en plus, un problème dérivé du fait que les législations des Etats ont de règles différentes concernant le moment auquel on considère que une juridiction a été saisie. Dans ce sens, lors de la révision de la Convention de Bruxelles de 1968 on a introduit une règle que, maintenant on pense à reprendre dans l'instrument communautaire

Bruxelles II (sous art. 11 bis), en ce moment avec l'opposition du Portugal. La règle établit qu'aux fins de la présente section, une juridiction est réputée saisie, alternativement, 1) à la date à laquelle l'acte introductif d'instance ou un acte équivalent est déposé auprès de la juridiction, à condition que le demandeur n'ait pas négligé par la suite de prendre les mesures qu'il était tenu de prendre pour que l'acte soit notifié ou signifié au défendeur, ou 2) si l'acte doit être notifié ou signifié avant d'être déposé auprès de la juridiction, à la date à laquelle il est reçu par l'autorité chargée de la notification ou de la signification, à condition que le demandeur n'ait pas négligé par la suite de prendre les mesures qu'il était tenu de prendre pour que l'acte soit déposé auprès de la juridiction.

3. RECONNAISSANCE ET EXECUTION DES DECISIONS

La convention inclut des règles sur la reconnaissance et aussi sur l'exécution des décisions. Si la Convention s'était bornée à la modification du lien matrimonial, ces résolutions auraient été seulement appelées à produire, d'ordinaire, effets régistrales et il n'aurait pas été nécessaire d'inclure des règles sur l'exécution. C'est l'inclusion des questions relatives à la responsabilité qui a nécessité les règles sur l'exécution. Il n'est pas sans sens de rappeler que d'autres matières pour lesquelles il faut avoir l'exequatur (comme la dissolution du régime matrimonial) restent au dehors de la Convention. D'où l'on voit les inconvénients de la limitation du champ d'application de la Convention, étant donné qu' une décision sera seulement en partie sous la Convention, tandis que pour les autres questions on devra utiliser les conventions bilatérales préexistantes ou les règles internes.

L'art. 14 mérite d'être spécialement souligné, car il renforce la portée de la reconnaissance. Les décisions rendues dans un Etat membre sont reconnues dans les autres Etats membres sans qu'il soit nécessaire de recourir à aucune procédure et, en particulier, aucune procédure n'est requise pour la mise à jour des actes d'état civil d'un Etat membre sur la base d'une décision rendue dans un autre Etat membre en matière matrimoniale. L'art. 14 introduit à l'évidence un changement important qui sera apprécié par les citoyens européens puisque la mise à jour des actes de l'état civil est l'effet le plus fréquemment recherché. Après l'entrée en vigueur de la Convention, cette disposition entraînera un gain de temps et d'argent puisque la mise à jour des actes se fera sans qu'une autre décision ne soit nécessaire. Très peu de Conventions bilatérales actuellement en vigueur étaient arrivées aussi loin.

Le Chapitre III de la Convention de Bruxelles II sur la reconnaissance et l'exécution est déjà un pas en avant en matière matrimoniale et de protection des enfants, et il suit étroitement la Convention de Bruxelles du 1968. Il est donc normal que si le processus de révision de cette dernière Convention est arrivé à une simplification notable de la procédure établie en 1968, les avantages du nouveau système doivent être repris dans le nouvel instrument communautaire Bruxelles II. Deux aspects doivent être soulignés :

A) En ce qui fait les motifs de non reconnaissance ou de non-exécution, l'art. 15 suit l'art. 27 de la Convention de Bruxelles de 1968, mais il a fallu prendre en compte également les motifs de non-reconnaissance prévus à la Convention de La Haye de 1996 sur la protection des enfants afin d'assurer une application harmonieuse des deux conventions lorsqu'elles coexisteront.

La structure de cet article peut paraître quelque peu surprenante. En effet, le paragraphe 1 contient les motifs de non-reconnaissance des décisions rendues en matière de divorce, de séparation de corps ou de nullité du mariage, alors que le paragraphe 2 énumère les motifs de non-reconnaissance des décisions rendues en matière de responsabilité parentale à l'occasion d'une procédure en matière matrimoniale. La raison de cette dissociation réside dans le fait que, même si les deux types de décisions sont étroitement liés à la cause matrimoniale, elles peuvent avoir été rendues par des autorités différentes, en fonction de la répartition interne des compétences dans l'Etat d'origine. Une autre raison de cette dissociation est que l'objet de la procédure matrimoniale et celui de la procédure en matière de responsabilité parentale ne sont pas identiques et que par conséquent les motifs de non-reconnaissance ne peuvent pas être les mêmes dans les deux cas.

Dans le projet de Règlement le texte de l'art. 15 de la Convention est modifié seulement dans un point, qui vient de la modification faite à l'art. 27.2 de la Convention de Bruxelles I, en tenant compte des arrêts de la Cour dans les affaires Lancray et Minalmet. En effet, dans les deux cas on modifie la règle antérieure en introduisant une flexibilité dans la régularité de la notification : la règle dira que la décision ne sera pas reconnue si «l'acte introductif d'instance ou un acte équivalent n'a pas été signifié ou notifié au défendeur défaillant en temps utile et de telle manière qu'il puisse se défendre à moins qu'il ne soit établi que le défendeur a accepté la décision de manière non équivoque ».

B) En ce qui fait la procédure d'exécution, la Convention de 1998 suit le même schéma que celle prévue dans la Convention de Bruxelles de 1968 et, en fait, cela entrainait déjà des avantages notables : la procédure est entamée sur requête d'une partie et est communautaire, autrement dit, la même procédure, simple et rapide, s'appliquera dans tous les Etats membres, ce qui constitue un réel avantage.

Mais lors de la révision de la Convention de Bruxelles on a simplifié le système d'exequatur et des recours jusqu'à maintenant prévus, en accord avec ce qui été demandé par les opérateurs juridiques. Les conséquences pour Bruxelles II sont les suivantes :

- La liste des juridictions compétentes pour décider sur l'exequatur ou pour décider sur le recours ne va pas apparaître dans texte de l'instrument communautaire, mais dans les annexes I, II et III.. On discute maintenant du point de savoir si la modification des listes doit être l'objet d'un accord du Conseil ou il suffit une communication à la Commission.

- La partie qui invoque ou conteste la reconnaissance doit produire une copie de la décision et un certificat utilisant les formules prévues dans les Annexes IV (décisions en matière matrimoniale) ou V (décision sur la responsabilité parentale).

- Mais, à différence de Bruxelles I, la juridiction saisie de la requête peut rejeter la requête pour les motifs de l'art. 15 et elle ne fait pas seulement un examen formel du certificat.

Comme à Bruxelles I, les recours contre la décision autorisant l'exécution et le recours contra une décision de rejet de la requête ont été unifiés.

Si l'élément temps et l'élément coût sont importants, je pense que nous sommes sur le bon chemin, chemin simple et réaliste préconisé par Paul Vlas, par George Droz, parmi d'autres.

III CONSIDERATIONS FINALES

D'une façon très brève on a tenté de montrer l'importance de l'évolution que signifie l'instrument Bruxelles II. Comme appréciation générale de la Convention, je dois dire qu'elle est, à mon avis, positive malgré les problèmes et limitations, parce qu'elle surpasse tous les textes préexistants. Il faut notamment souligner qu'elle contient des règles de compétence directe, qu'elle contient une règle novatrice pour la litispendance et qu'elle permet la reconnaissance automatique pour la mise à jour des actes d'état civil. Je crois que la Convention conduit à une majeure sécurité juridique en Europe, étant donné que la majorité des affaires matrimoniales son intra européennes.

A mon avis, la Convention est un succès, bien que le champ d'application de la Convention soit limité : la Convention concerne exclusivement les questions relatives au lien matrimonial et à la responsabilité parentale à l'égard des enfants communs des époux à l'occasion de l'action matrimoniale. Mais l'inclusion de la responsabilité parentale est une victoire de la France et de l'Espagne: sans nous la Convention aurait encore été plus limitée. En tout cas, beaucoup (ou trop) de questions liées au divorce restent en dehors de la Convention : elle n'a aucune incidence sur les questions relatives à la faute des époux, aux régimes matrimoniaux, aux pensions alimentaires ou à d'autres conséquences pécuniaires ou d'autre nature inclues dans la même décision.

Et maintenant, quel est l'avenir ?

Le Règlement proposé pourrait être adopté rapidement si quelques difficultés d'ordre territoriale sont surmontées, avec l'avantage que le texte entrerait en vigueur très tôt (la proposition de la Commission parlait de 20 jours, tandis que les Etats parlent, au minimum de 10 mois) et pour tous les Etats membres au même temps. Mais jusqu'au moment où ça arrive et si l'entrée en vigueur du Règlement apparaît trop lointaine, je crois que les Etats doivent achever les procédures de ratification de la Convention, de telle façon que l'entrée en vigueur de la Convention puisse se produire rapidement et, même, que les Etats, au moment de la ratification, doivent faire la déclaration prévue à l'art. 47, qui permet d'appliquer la Convention aux relations avec les Etats membres qui ont fait la même déclaration. Il n'est pas pratique pour le citoyen d'attendre la ratification des quinze pour l'entrée en vigueur, quand il y a des problèmes à résoudre entre pays qui sont prêt à ratifier la Convention rapidement (tel est le cas de l'Espagne, où le Parlement vient d'autoriser la ratification de la Convention).

En deuxième lieu, l'appréciation positive de la Convention me conduit à désirer qu'on continue la codification communautaire en matière familiale : compétence et exécution en matière de dissolution du régime matrimonial, filiation, successions, etc. Bruxelles II est seulement une première pierre dans la voie de la communautarisation de la coopération judiciaire civile.

Après le Conseil de Tàmpere, un programme a été préparé, sur lequel les Etats doivent s'exprimer pour permettre à la Commission de préparer, pendant l'année 2000 un livre vert sur la coopération judiciaire en matière civile. Dans ce document préliminaire on inclut la question de la compétence judiciaire, la reconnaissance et l'exécution de décisions relatives aux régimes matrimoniaux, texte que compléterait Bruxelles II. De la même façon, on a déjà mentionné qu'on travaille sur un questionnaire pour préparer un instrument communautaire relatif à la loi applicable au divorce (Rome III) et on considère la possibilité d'étudier la question de loi applicable aux régimes matrimoniaux, en tenant compte de la Convention de La Haye de 1978. Ce sont des matières pleines d'intérêt pour le citoyen européen dans sa vie quotidienne et c'est une raison de tracer des perspectives au regard des avancées du Traité d'Amsterdam.

Vendredi 19 novembre 1999
Après-midi
sous la présidence de M. Jean-Olivier VIOUT, Avocat général près la Cour d'appel de Lyon

L'exécution des sanctions pénales patrimoniales

par Jean CEDRAS

Professeur à l'Université de La Rochelle

Notre arsenal répressif propose au juge plusieurs types de sanctions : celles qui sont privatives ou restrictives de liberté, celles qui atteignent les droits (ce sont les différentes interdictions) et celles qui frappent le patrimoine du condamné : essentiellement l'amende et la confiscation[1] (déjà connues du droit romain), le jour-amende et la fermeture d'établissement, plus récents.

S'ils traitent largement, à juste titre, des peines qui portent atteinte à la liberté, traités et manuels de droit pénal ne réservent qu'une place restreinte à l'exécution des sanctions patrimoniales, lorsqu'ils ne la passent pas sous silence. Peut-être parce que, située à la fin ultime du processus répressif et n'affectant au surplus "que" les biens, la matière ne ressortirait plus vraiment au droit pénal ?

---

1 Curieusement placée sous la rubrique des peines privatives ou restrictives de droits par le Code pénal, la confiscation est en réalité une peine patrimoniale puisqu'elle consiste en une expropriation au profit de l'Etat. (art. 131-6 10° C. pén.).

Cette discrétion de la doctrine est peut-être excessive dans la mesure où l'exécution de la peine patrimoniale n'est pas qu'un simple dispositif technique de recouvrement, dont les modalités d'application seraient finalement neutres et de peu d'intérêt du point de vue de la répression et des libertés individuelles. En réalité, l'exécution de la sanction patrimoniale touche nécessairement le droit pénal général et ce faisant doit en respecter les principes essentiels, notamment celui de la personnalité des peines.

Le principe de la responsabilité personnelle, édicté par l'article 121-1 du Code pénal, est bien connu : « Nul n'est responsable pénalement que de son propre fait ». Une faute personnelle ne peut engager la responsabilité pénale que de son auteur. JOUSSE l'affirmait déjà au XVIIIème siècle (mais du principe il exceptait les crimes « atroces », tel le régicide).[1] La philosophie des Lumières, la Révolution ont repris ce principe naturel du droit pénal.

Mais si une peine ne peut être prononcée contre une personne qu'à raison de sa faute personnelle, il faut nécessairement en déduire que seule cette personne doit subir cette peine. Donc, le principe incontesté de la responsabilité personnelle connaît un corollaire, celui de la personnalité des peines. Raisonner autrement serait méconnaître toutes les finalités que l'on assigne unanimement à la peine : rétribution, exemplarité, opprobre, resocialisation du condamné.

Et pourtant, le législateur dissocie parfois responsabilité personnelle et personnalité des peines. C'est par exemple la solution retenue par l'article L. 21-1 du Code de la route, qui permet au juge de mettre à la charge du commettant les amendes prononcées contre son préposé reconnu coupable de certaines contraventions routières. Un tiers innocent se voit ainsi obligé d'assumer l'exécution de la condamnation pénale d'autrui. A l'inverse, l'article L. 260-1 du Code du travail, qui rend le chef d'entreprise civilement responsable des condamnations prononcées contre ses préposés, ne s'applique qu'aux condamnations civiles, dit la Cour de cassation.[2] Cette divergence de solutions dans

---

[1] Traité de la justice criminelle, 1, 124.

[2] Crim. 3 mars 1981, J.C.P. 1982-II-19769, n. Y. REINHARD

des situations analogues suscite une impression de malaise, comme si la loi balançait entre deux logiques, celle de la prévention dans le premier cas (le payeur n'avait qu'à surveiller et contrôler le coupable) et celle de la rétribution dans le second (l'on ne paye, dans les deux sens du terme, que pour sa propre faute).

Le principe de la personnalité des peines est-il doué de valeur constitutionnelle ? Lorsqu'il est saisi sur ce point (en dernier lieu en juin 1999)[1], le Conseil constitutionnel ne répond pas. En tout état de cause, le principe de la personnalité des peines à vocation à recevoir le même traitement que celui de la responsabilité personnelle. Méditant les articles 8 et 9 de la Déclaration des droits de l'homme et du citoyen, le Conseil constitutionnel se borne à réaffirmer dans la décision évoquée la valeur constitutionnelle du principe de la responsabilité personnelle.

Cela dit, que des tiers innocents puissent être atteints par des condamnations pénales prononcées contre les personnes responsables est sans doute rare mais pas exceptionnel. Le droit pénal spécial, outre l'application citée ci-dessus tirée du Code de la route, en donne des exemples notamment en matière de proxénétisme hôtelier[2] ou de

---

[1] Au sujet de la loi du 18 juin 1999 portant diverses mesures relatives à la sécurité routière... (décision n° 99-411 DC du 16 juin 1999, J.O. 18 juin, particulièrement sur l'article 6 de la loi). Le texte déféré était le nouvel article L. 21-2 C. route mettant à la charge du propriétaire du véhicule le montant des amendes pour excès de vitesse, franchissement de feu rouge, etc., sauf force majeure ou preuve apportée par le propriétaire qu'il n'est pas l'auteur de l'infraction. La disposition était combattue au nom des motards casqués qui, lorsqu'ils sont « flashés », ne peuvent être identifiés. Ces derniers invoquaient la méconnaissance du principe de la personnalité des peines. Pas de réponse, comme dans la décision du 2 décembre 1976.

[2] L'art. 225-22-3° permet la confiscation du fond de commerce ayant permis l'accomplissement de faits de proxénétisme. Notre collègue M. PRADEL fait parfaitement état du malaise ressenti par l'observateur. Il justifie ainsi le respect du principe de personnalité des peines en l'espèce (y aurait-il un doute ?): le parquet doit faire connaître au propriétaire du fonds menacé de confiscation l'engagement des poursuites et la décision obtenue ; lorsque ce dernier n'est même pas poursuivi, il doit être cité à l'audience et est admis à

trafic de stupéfiants1, où la confiscation spéciale et la fermeture d'établissement peuvent être prononcées contre ces tiers.

Le droit pénal général lui-même n'apporte qu'un appui mal assuré au respect du principe de la personnalité des peines. En matière de confiscation par exemple, l'article 131-21 du Code pénal définit d'abord le domaine des objets susceptibles de la peine complémentaire obligatoire (objets dangereux ou nuisibles).2 Le texte prévoit ensuite pour les autres objets, susceptibles quant à eux de la peine complémentaire facultative (alinéa 2), l' « exception des objets susceptibles de restitution » (lesquels ne peuvent donc pas être confisqués). Or, la circulaire d'application du 14 mai 1993 suggère le sens à donner à cette expression : « objets appartenant à des personnes de bonne foi, n'ayant pas été elles-mêmes poursuivies ou condamnées, et dont le titre de détention est régulier ». On en déduit des conséquences contraires à la personnalité des peines, voire au droit pénal : d'une part que les objets appartenant à des personnes poursuivies puis innocentées peuvent être confisqués et d'autre part que les objets détenus à la suite d'une appropriation frauduleuse, même sans rapport avec l'infraction donnant lieu à confiscation, peuvent également être confisqués.

---

présenter ses observations (J. PRADEL, Droit pénal général, Cujas 1999 n° 679). De quoi se plaindrait-il en effet ! Plus loin, il énonce des « exceptions » à cette « règle générale » en concédant : « il y a l'idée que le tiers propriétaire est plus ou moins censé être complice de l'auteur » (n° 680). Soit, mais la jurisprudence fait-elle encore du droit (pénal), dans la mesure où les présomptions de culpabilité, par ailleurs déclarées conformes à la Constitution (voir en dernier lieu décision du 16 juin 1999, supra), ne peuvent procéder que d'un texte, ce qui n'est pas le cas ici ?

1 L'art. 222-49 al.1 C. pén. impose la confiscation des instruments et du produit de trafic de stupéfiants « à quelle que personne qu'ils appartiennent… dès lors que leur propriétaire ne pouvait ignorer l'origine ou l'utilisation frauduleuse ».

2 Objets dont la définition reste imprécise, voir H. MATSOPOULOU, La confiscation spéciale dans le nouveau Code pénal, Rev. Sc. crim. 1995, p. 301, notamment n° 30 et s.

On ne s'attachera qu'à l'exécution des plus connues et des plus anciennes des peines patrimoniales, l'amende et la confiscation. A leur égard, le droit recourt à différentes modalités, de nature civile ou pénale. Ainsi, l'Etat, comme tout créancier, peut-il saisir les biens du condamné, les vendre aux enchères et se payer sur les sommes obtenues. Le Trésor dispose également d'un privilège général qui lui permet de se faire payer de préférence aux autres créanciers, y compris les victimes. Le Trésor bénéficie encore de l'hypothèque judiciaire ou légale, qui garantit les créances nées d'un jugement. Ces garanties de recouvrement ressortissent au droit civil mais le droit pénal n'est pas démuni. Le juge d'instruction qui ordonne le contrôle judiciaire peut imposer au mis en examen un cautionnement destiné notamment à garantir le paiement de l'amende;[1] la condamnation ultérieure valant validation de la saisie conservatoire et permettant l'inscription définitive des sûretés. En amont, l'article 314-7 du Code pénal prévoit et réprime l'organisation frauduleuse de l'insolvabilité en vue de se soustraire au paiement de l'amende pénale prononcée (et le tribunal peut décider la non confusion des peines). Enfin, une partie du pécule du détenu est affecté au paiement de l'amende.

Mais lorsque ces modalités sont insuffisantes, les garanties le plus énergiques du recouvrement sont la contrainte par corps, la solidarité passive et la transmission successorale. Garanties sans doute énergiques mais qui restent d'une efficacité contestable : en 1987, 71% des sommes à recouvrer au titre de l'amende n'ont pas été encaissées.[2] Entre ces dernières garanties, une ligne de partage apparaît, selon que l'exécution se fait contre le condamné lui-même (I) ou contre ses héritiers (II).

---

[1] art. 138-11° et 142-2° C. pr. pén.

[2] Déclaration du président de la Commission des lois à l'Assemblée nationale (M. GOUZES, Le Point, 5 octobre 1991). Le même constat, avec le même pourcentage d'impayés, avait été fait 25 ans auparavant, en 1982, et déjà en 1964 : J. PELIER, Réflexions sur le recouvrement des condamnations pécuniaires, D. 1964, p. 223. Les choses se seraient améliorées depuis 1991 (voir J. LEBLOIS-HAPPE : De la transaction pénale à la composition pénale, loi n° 99-515 du 23 juin 1999, J.C.P. 2000 - I - 198, spécialement note n° 7 et les références citées).

I - L'EXECUTION CONTRE LE CONDAMNE

Elle prend deux formes : la condamnation solidaire entre condamnés (A) et la contrainte par corps (B).

A – La condamnation solidaire entre condamnes

En matière de crime, de délit ou de contravention de la cinquième classe, le Code de procédure pénale[1] dispose que le juge, par décision spécialement motivée, peut déclarer la solidarité des condamnés pour le paiement des différentes amendes prononcées si l'accusé ou le prévenu « s'est entouré de coauteurs ou de complices insolvables ». Le condamné qui a payé l'obligation à la dette pénale pour les autres dispose en principe d'un recours en contribution contre ses coauteurs et complices, un recours forcément vain puisque la solidarité n'a pu être prononcée qu'en raison de leur insolvabilité.

Non seulement le texte est un peu hypocrite mais de plus la jurisprudence en fait une application extensive: en présence de connexité (notion légale[2] précise et restreinte) ou d'indivisibilité (notion prétorienne imprécise et étendue) entre des crimes, des délits et des contraventions de la cinquième classe, il est également admis que le juge puisse prononcer la solidarité pour les amendes.[3] En outre, mais ce n'est pas surprenant, en matière douanière, les condamnations prononcées contre plusieurs personnes pour un même fait de fraude (la notion d'intérêt à la fraude étant plus large que la complicité) sont toujours solidaires.[4]

En réalité, si la solidarité est fort contestable en matière d'amende pénale, c'est qu'il s'agit d'une technique civile. La loi raisonne ici comme en matière civile, où les codébiteurs peuvent être déclarés tenus solidairement ou *in solidum* à réparer le préjudice causé. Et l'on

---

1 respectivement art. 375-2, 480-1 al. 2 et 543 al. 2 C. pr. pén.

2 Art. 203 C. pr. Pén.

3 Crim. 22 octobre 1997, B. 345 ; Crim. 28 novembre 1996, B. 437(décision interprétant extensivement la notion de connexité)

4 Art. 406 et 407 C. douanes.

comprend fort bien la solidarité passive instaurée par la loi au profit des victimes pour les restitutions et dommages et intérêts. Mais l'amende pénale n'est pas une dette civile, c'est une peine au même titre, par exemple, que la privation de liberté. Poursuivant jusqu'à l'absurde la logique civiliste du législateur, imaginera t-on de déclarer la solidarité des emprisonnements au cas où l'un des condamnés à cette peine viendrait à s'enfuir ou à s'évader ? Probablement pas car outre le caractère scandaleux d'une telle solution, c'est bien le seul intérêt patrimonial de l'Etat qui explique la solidarité entre condamnés à l'amende.

La solidarité impose au condamné solvable des peines supplémentaires injustifiées dont le fondement est peu sûr (adjonction prétorienne de la connexité à la réunion) voire inexistant (adjonction prétorienne de la notion prétorienne d'indivisibilité à la réunion et à la connexité). Ces peines supplémentaires ne sont certainement pas « strictement et évidemment nécessaires » au regard de l'article 8 de la Déclaration des droits de l'homme et du citoyen : elles sont non nécessaires et disproportionnées puisque dépassant par hypothèse le quantum attribué au condamné solvable par la décision prononçant à son égard sur l'action publique. S'il y a un risque d'insolvabilité, ce n'est pas au coauteur ou au complice solvable de le supporter, c'est à l'Etat.[1] Cela se confirme : le droit préfère ici la protection des intérêts financiers de l'Etat au respect du principe essentiel de la personnalité des peines. Mais il n'y a pas que la condamnation à la solidarité qui blesse le droit pénal, il y a aussi la modalité de la contrainte exercée en vue du recouvrement.

B – La prison pour dette penale : la contrainte par corps

Incarcération destinée à presser le condamné de s'acquitter de l'amende ou de la confiscation, cette technique est, au contraire de l'amende solidaire, respectueuse du principe de la personnalité des peines puisqu'elle laisse entièrement de côté tous ceux qui n'ont pas été personnellement condamnés. Elle n'est pourtant pas exempte de critique.

---

[1] A rapprocher du taux d'amendes impayées (voir supra note 9).

On sait que la prison pour dettes a été abolie par une loi du 22 juillet 1867 en matières civile et commerciale. Elle ne subsiste plus qu'au profit du Trésor public et seulement pour garantir le recouvrement des créances de l'Etat n'ayant pas le caractère d'une réparation civile. C'est donc dans le seul domaine pénal lato sensu, par une nette opposition au domaine civil *lato sensu* également, que la contrainte par corps est encore applicable. Les créances ainsi garanties sont l'amende pénale (ce qui comprend l'amende solidaire entre auteurs, coauteurs et complices, l'amende solidaire frappant les auteurs, coauteurs et complices des infractions connexes, l'amende solidaire frappant les auteurs, coauteurs et complices des infractions indivisibles), l'amende fiscale et l'amende douanière, les amendes de chasse et de pêche, les impôts et les confiscations lorsqu'elles sont prononcées en valeur (ou par équivalent).

Depuis fort longtemps, la majorité de la doctrine[1] et la jurisprudence ne considèrent la contrainte par corps ni comme une sanction pénale ni comme un substitut à l'amende ou à la confiscation impayées.[2] Il est jugé depuis 1869[3] qu'il s'agit d'une voie d'exécution prévue pour garantir l'exécution des condamnations pénales patrimoniales. Certes, on lui reconnaît aujourd'hui son "caractère pénal" mais avec beaucoup de subtilité: on ne saurait la confondre avec une peine d'emprisonnement[4]. D'où il découle que la contrainte par corps n'est pas soumise au régime juridique de la peine. Le contraint ne bénéficie donc pas des règles relatives au non cumul des peines[5] ni de la

---

[1] Voir les références à GARSONNET et BRU et à LE POITTEVIN notamment dans le rapport de M. le Conseiller CHARTIER, devant Ass. Plén. 5 avril 1996, J.C.P. 1996 - II - 22676, lequel cite également la doctrine minoritaire : GARRAUD et M. JEANDIDIER.

[2] Mais la loi prévoit que pour la réhabilitation et pour l'extradition, la contrainte par corps équivaut à l'exécution (Art. 788 C. pr. pén. et loi du 10 mars 1927, art. 8 al. 3).

[3] Crim. 26 février 1869, D.P. 1870, 1, p. 484; voir les références chez CHARTIER, op. cit. supra n. 15.

[4] Crim. 29 mai 1997 et 16 septembre 1997, Droit pénal 1997, n° 152, obs. de M. VERON.

[5] Crim. 25 juillet 1991, B. 307 ; 16 septembre 1997, B. 297.

rétroactivité in mitius,1 ni de la libération conditionnelle, ni de la grâce. La contrainte ne peut faire l'objet d'une confusion avec une peine d'emprisonnement.2

Mais la Cour européenne des droits de l'homme ne partage pas cette vision quasi civile de la contrainte par corps. Elle a considéré qu'il s'agissait d'une peine au sens de l'article 7 § 1 de la Convention, c'est à dire d'une mesure imposée après condamnation pour une infraction et dotée de surcroît d'un régime d'exécution sévère,3 plus sévère même que celui de la peine puisque aucune individualisation n'est possible. C'est pourquoi la France a été condamnée le 8 juin 1995 (Jamil)4 pour l'application rétroactive d'une loi du 31 décembre 1987 allongeant la durée de la contrainte par corps. Saisie par la Commission unanime, la Cour, à l'unanimité elle aussi, a conclu à la violation de l'article 7 §1 interdisant d'infliger une peine plus forte que celle prévue lors des faits. La Cour de cassation avait considéré la contrainte comme une voie d'exécution et non comme une peine et n'avait donc pas fait obstacle à l'application rétroactive de la loi nouvelle plus sévère.

---

[1] Crim. 8 juillet 1958, B. 528.

[2] Crim. 29 mai 1997, B. 212, et 16 septembre 1997 (précités).

[3] Jusqu'à la décision rendue par l'Assemblée plénière le 5 avril 1996, le contraignable ne pouvait même pas demander la suspension de l'exécution avant d'être incarcéré ni faire apprécier sa solvabilité par le juge des référés (Rev. sc. crim. 1996 p. 686, obs. J.-P. DINTILHAC).

[4] CEDH 8 juin 1995, Jamil, série A, n° 317 B. obs. L. PETTITI, Rev. sc. crim. 1995, 855 ; obs. J ;-P. DELMAS SAINT-HILAIRE, ibid. p. 664 ; A.J.D.A. 1995, p. 727, obs. J.-F. FLAUSS ; Rev. sc. crim. 1996, 471, obs. R. KOERING-JOULIN, J.C.P. 1996 - II - 22677 note BOURDEAUX et sur le problème en général, J.-Y. CHEVALLIER, L'application de la loi pénale dans le temps, Rapport au XIIIème Congrès de l'Association française de droit pénal, (Versailles, 1996). La loi avait fait passer de 4 mois à deux ans la durée de la contrainte par corps en matière de trafic de stupéfiants pour les condamnations supérieures à 500 000 F d'amende (art. L. 627-6 al. 2 C. santé publ. devenu art. 706-31 C. pr. pén.)

Bien que la Cour européenne prenne soin de rappeler l'autonomie des notions européennes de matière pénale et de peine par rapport à leurs homologues dans les droits internes, la pente naturelle des choses conduira probablement des contraints par corps à faire recours contre, par exemple, des décisions prononçant l'irrecevabilité des demandes de libération conditionnelle, ou de confusion des peines, ou de grâce, etc. Cumulus à l'horizon de Strasbourg !

Encore un signe du malaise : aux lendemains de la décision Jamil, le ministre de la justice a prescrit la libération immédiate des condamnés contraints sur le fondement de la loi de 1987 et ayant accompli quatre mois de contrainte. S'agissait-il d'une grâce de fait dispensant de l'exécution d'une peine de fait ? S'agissait-il de l'annonce de la requalification souhaitable de la contrainte par corps en institution pénale ?[1] S'agissait-il d'un prélude à la suppression de la contrainte par corps ?

L'une et l'autre, à des titres différents, solidarité et contrainte par corps prêtent le flanc à la critique. Mais du moins s'agit-il de recouvrer contre le condamné. La situation n'est-elle pas plus contestable encore lorsque le droit s'intéresse au patrimoine des héritiers du condamné, par hypothèse innocents ?

II - L'EXECUTION CONTRE LES HERITIERS DU CONDAMNE

Jusqu'au Code pénal actuel, les textes ne font aucune allusion au recouvrement sur succession. L'idée trouverait son origine chez le seul MERLIN,[2] qui l'aurait émise lors des travaux préparatoires du Code d'instruction criminelle ; elle a été ensuite spontanément adoptée sans texte par la pratique judiciaire puis inscrite dans le Code pénal de 1992. L'article 133-1 du Code pénal dispose en effet que

---

[1] voir Crim. 22 février 1996 (deux arrêts cités par G. BOURDEAUX, op. cit., rendus en matière fiscale) qui analysent la contrainte par corps comme "une mesure à caractère pénal". Encore un effort et l'on parlera de "peine".

[2] Voir les références chez P. BUFFETEAU, op. cit., p. 731 note 9.

« Le décès du condamné… empêche(nt) ou arrête(nt) l'exécution de la peine. Toutefois, il peut être procédé au recouvrement de l'amende… ainsi qu'à l'exécution de la confiscation après le décès du condamné… ». Le recouvrement de l'amende, solidaire ou non, ou l'exécution de la confiscation après le décès du condamné peuvent donc se faire sur sa succession. La question est d'autant plus aiguë que l'acceptation pure et simple de la succession peut être caractérisée par n'importe quel acte de disposition portant sur un bien héréditaire, même si l'héritier qui l'accomplit n'a pas vraiment conscience de la portée de son acte[1] ou ne réclame pas le bénéfice d'inventaire et l'on sait qu'une acceptation, même tacite, ne peut être rétractée.

En décidant la transmission héréditaire de l'exécution des peines patrimoniales, le droit positif suit donc une logique civiliste (A). Une réfutation, tirée tant de l'analyse des arguments de cette logique que de la nature du droit pénal est cependant possible (B).

A – La logique civiliste

L'article 870 du Code civil dispose que "les cohéritiers contribuent entre eux au paiement des dettes et charges de la succession". Parmi elles se trouvent les dettes pénales. C'est ce qu'expos la quasi-totalité des auteurs de droit patrimonial de la famille. La solution leur semble si bien ancrée que nul n'éprouve le besoin de la justifier. L'article 133-1 du Code pénal reprendrait naturellement la règle de l'article 870 du Code civil. La transmission du patrimoine successoral s'entend non seulement des biens et des créances mais également des dettes et parmi celles-ci peuvent figurer les amendes et confiscations pénales dues par le défunt au Trésor public. Outre ce raisonnement général, il existe des arguments spécifiques en faveur de cette solution civiliste.

En premier lieu, un argument d'équité entre héritiers de coupables différents: il serait anormal, dans une hypothèse de non transmission à

[1] L'art. 778 C. civ. dispose que "l'acceptation (pure et simple) peut être expresse ou tacite… elle est tacite quand l'héritier fait un acte qui suppose nécessairement son intention d'accepter, et qu'il n'aurait droit de faire qu'en sa qualité d'héritier".

cause de mort, que les héritiers subissent ou non la charge de la peine selon que leur auteur serait décédé après ou avant d'avoir payé. Il en découlerait une conséquence absurde mais nécessaire: il faudrait envisager que la dette acquittée par le coupable décédé soit remboursée par l'Etat à ses héritiers; dans le cas contraire les héritiers de celui qui a payé seraient défavorisés par rapport aux héritiers de celui qui n'a pas payé.1

En second lieu, un argument d'ordre moral : la non transmission serait choquante parce que les héritiers pourraient ainsi profiter sciemment de biens mal acquis.2 Et l'on imagine les héritiers d'un grand trafiquant de stupéfiants mener un train de vie insolent, narguer la morale publique, jouissant impunément du fruit de l'activité criminelle de leur auteur, et s'entre félicitant pour tout dire que ce dernier soit mort en temps utile.

En troisième lieu, le problème de la transmission ne devrait même pas se poser puisque "les dettes successorales provenant d'une amende perdent leur caractère pénal et s'analysent en une obligation de nature civile".3 Ces arguments sont loin d'être négligeables : pourquoi en effet traiter différemment deux dettes successorales selon que l'une est pénale et l'autre civile ?

B - UNE REFUTATION PENALISTE

On comprend bien que la transmission successorale soit prônée, avec le succès que l'on constate, par le Trésor public, mais le droit positif revient une fois de plus, en confondant peine et réparation civile, à dissocier le débiteur de l'exécution de la peine de l'auteur du comportement délictueux. 4

---

1 Raisonnement aimablement prêté par le Doyen Thierry LE BARS, de la Faculté de Droit de Caen.

2 Réponse écrite 48575, JOAN 13 juin 1992.

3 Réponse écrite précitée

4 La circulaire d'application mentionne que la règle « n'est que la conséquence des articles du Code civil prévoyant la transmission aux héritiers des dettes successorales ».

Il faut d'abord procéder à l'analyse des arguments civilistes.

En premier lieu, l'argument d'équité entre héritiers n'emporte pas absolument la conviction. Certains auteurs font de bonnes ou de mauvaises affaires, certains gagnent ou perdent au jeu; l'on subit en héritant la situation purement patrimoniale laissée par l'auteur qui décède. Raisonnons ensuite sur l'équité par comparaison entre deux institutions pénales, la privation de liberté et la peine patrimoniale. On sait qu'en principe général, la privation de liberté est toujours considérée comme plus sévère que les autres peines. 1 L'on n'envisage naturellement pas que les héritiers purgent la peine privative de liberté à la place de leur auteur prédécédé. Or, les condamnés à la privation de liberté (peine non transmissible) sont plus sévèrement punis, donc plus dangereux, que les condamnés à l'amende (peine transmissible) ! Alors à quel titre les héritiers d'un condamné à la privation de liberté (peine sévère non transmissible) sont-ils mieux traités que les héritiers d'un condamné à la peine patrimoniale (peine relativement douce et transmissible)? Raisonnons de nouveau (par l'absurde ?) mais sur l'exemple de la seule confiscation : si l'on admet la transmission successorale de la confiscation spéciale, alors il faudrait admettre aussi celle de la confiscation générale, qui ne subsiste plus que pour les plus graves des trafics de stupéfiants et pour les crimes contre l'humanité.2 Or, personne, à notre connaissance, n'a jamais soutenu cette idée, qui semble inhumaine, alors pourtant qu'il n'existe qu'une différence de degrés entre ces deux types de confiscation. Pourquoi l'une et pas l'autre ? Mais voyons encore ceci : si elle était appliquée, la transmission successorale de la confiscation générale, qui frappe les plus grands criminels, pourrait être plus douce aux héritiers que celle de la confiscation spéciale puisque la première ne porte que sur les biens présents et épargne la réserve héréditaire et la part de communauté du conjoint 1 alors que la seconde, comme l'amende très

---

1 Ainsi raisonne la doctrine unanime en matière d'appréciation de la sévérité respective des lois pénales successives en matière de conflit de lois dans le temps.

2 Art. 222-49 al. 2 et 213-1 C. pén.

élevée, peut absorber l'ensemble du patrimoine héréditaire. Le droit est riche d'inéquités.

En deuxième lieu, l'argument d'ordre moral, touchant à la jouissance de biens mal acquis ne semble pas non plus déterminant. D'abord, les héritiers qui « profitent sciemment des biens mal acquis » peuvent être atteints par le recel, à condition que leur mauvaise foi soit contemporaine de l'acquisition des biens (condition posée en 1977 par la Chambre criminelle2 sous l'influence du droit civil de la possession). 3 En l'espèce, la morale est donc sauve. Mais les hypothèses où l'on profite régulièrement d'un bien mal acquis ne sont pas exceptionnelles. Ainsi, le droit pénal permet-il au coupable discret et patient de profiter de la prescription de l'action publique ou de celle de la peine et le cas échéant de jouir aussi régulièrement, après un certain temps, de ses appropriations frauduleuses. Il permet encore au receleur de bonne foi lors de l'acquisition de jouir de biens mal acquis, peu important qu'il découvre ultérieurement l'origine frauduleuse du bien.4 Ainsi encore, que l'origine des biens soit frauduleuse ou non, le droit civil lui-même préfère le possesseur de bonne foi au propriétaire d'origine, qu'il dépouille, et accorde à l'inventeur tout ou moitié du trésor découvert.5 Osons deux hypothèses supplémentaires. La première : les honoraires des avocats pénalistes pourraient-ils régulièrement provenir d'espèces frauduleusement acquises par leurs clients ? La seconde : le recouvrement de l'amende et de la confiscation ne permet-il pas au Trésor public de tirer régulièrement profit de la criminalité ? En quoi

1 Art. 37 et 38, ancien C. pén., décret-loi du 29 juillet 1939, probablement applicables en l'absence de disposition spéciale dans le nouveau Code sur les modalités d'exécution.

2 Crim. 24 novembre 1977, D. 1978 n. KEHRING ; 24 janvier 1978, B. 27.

3 Antérieurement, l'on pouvait être simultanément possesseur au regard du droit civil et receleur au regard du droit pénal ! Cette anomalie a été corrigée en alignant la solution pénale sur la solution civile : « mala fides superveniens… »

4 voir supra note 27.

5 Respectivement art. 2279 al. 1er et 716 C. civ.

serait-il moins choquant que le Trésor, plutôt que les héritiers, profite de ces biens mal acquis ?[1] Le droit n'est pas la morale.

En troisième lieu enfin, que penser de l'argument selon lequel la dette successorale provenant d'une amende ou d'une confiscation s'analyserait en obligation de nature civile ? Il faudrait en déduire que la mort du condamné aurait pour effet de requalifier la dette pénale en dette civile, changeant la nature d'une obligation établie par un jugement ayant force de chose jugée. Mais sur quel fondement inexplicable ? Puis, tel un aveu du malaise qui imprègne décidément toute la matière, la réponse ministérielle[2] poursuit : « il est cependant d'usage de permettre aux héritiers de solliciter le bénéfice du droit de grâce ». Quelle innovation extraordinaire dans cette formule condescendante: non seulement une peine d'amende ou de confiscation est prononcée, gardant tout naturellement son caractère pénal si on l'exécute sur le coupable mais devenant civile à cause de mort, si l'on s'adresse à ses héritiers, mais plus fort encore : le droit de grâce (dispense d'exécuter une condamnation pénale) pourrait être utilisé pour dispenser de l'exécution d'une obligation « civile » ! Une grâce qui devrait être sollicitée par des innocents pour ne pas subir une peine à laquelle ils n'ont pas été condamnés ![3] Tout cela n'est pas convaincant : le droit n'est pas un lapin extrait d'un haut-de-forme.

Mais ces arguments civilistes méconnaissent en outre la nature du droit pénal.

Peut-être qu'en l'absence de règles propres à notre domaine, le droit positif considère t-il le droit civil comme le droit commun de l'exécution de la sanction pénale patrimoniale, comme si la répression et le processus pénal ici comme ailleurs n'étaient pas n'étaient pas animés d'une logique propre ? Il est bien exact que le droit civil est le

---

[1] La solution ne serait guère plus satisfaisant du point de vue du tiers innocent si les biens recouvrés devaient abonder un fonds d'aide aux victimes.

[2] Rép. question écrite n° 48575, JOAN 15 juin 1992, p. 2676

[3] P. BUFFETEAU, op. cit. p. 730.

droit commun du droit privé, rapports entre particuliers, mais il est aussi certain que le droit pénal, relations entre l'Etat et le délinquant[1] obéit à une logique autre, une logique proche de celle du droit public.

Alors pourquoi appliquer le droit civil à l'exécution d'une sanction pénale ? Est-ce parce qu'il s'agit seulement ici de frapper le patrimoine ? Mais le prononcé de la peine, patrimoniale ou autre, revêt des aspects sans commune mesure avec la simple atteinte aux biens. C'est d'abord la déclaration officielle qu'un acte intolérable à la préservation du pacte social a été commis, c'est ensuite la manifestation solennelle de l'opprobre unanime qui flétrit le coupable, c'est encore la seule voie propre à apaiser la colère des dieux, c'est aussi l'incitation pressante adressée au condamné d'examiner seul avec lui-même sa propre conduite, c'est de surplus l'exemple offert à ceux qui seraient tentés de l'imiter dans son comportement, c'est en outre l'infliction d'une certaine souffrance pour dissuader l'intéressé de réitérer, c'est par ailleurs la main qui lui est tendue vers la resocialisation. Non, le prononcé de la peine patrimoniale n'est pas qu'une imputation comptable sur le patrimoine du condamné, c'est beaucoup plus qu'une question d'argent, c'est un acte majeur et symbolique de la vie sociale, c'est un ensemble indissociable riche de finalités qui n'intéressent que la personne du coupable.

Que dire alors du recouvrement sur la succession du condamné sinon que le Trésor est mauvais perdant ? La catastrophe ultime,[2] la mort de son adversaire n'étanche pas son désir de vengeance (amende) ou de réparation (la confiscation présente une nature mixte tenant de la peine, de la réparation et aussi de la mesure de sûreté). Or la mort doit tout effacer, la poursuite, le jugement qu'il soit définitif ou non, l'exécution, en même temps qu'elle efface la personnalité juridique qui en est le support. En réalité, la peine et son exécution doivent disparaître avec le condamné. Avec la transmission successorale, les héritiers supportent une peine afférente à un comportement criminel dont ils sont innocents. Et pour quel but, pour quel profit faire subir

---

1 Le délinquant, ou celui qui est soupçonné, poursuivi, déclaré coupable, condamné.

2 Au sens de la dramaturgie grecque.

aux héritiers la peine patrimoniale de leur auteur ? Pour les faire expier (mais quoi, le crime de leur auteur ?), leur faire peur (mais de quoi, de reproduire le comportement criminel ?), leur faire honte (mais de quoi, de la conduite de leur auteur ?), leur redonner dans la société une place (qu'ils n'ont jamais perdue), tout cela alors que leur innocence n'est nullement contestée ? Pourquoi ce plaquage de droit civil sur une institution pénale, pourquoi cette distorsion absolue d'un principe essentiel du droit pénal ?

Ce sont les nécessités de la répression (l'analogue pénal de la raison d'Etat), dira t-on, qui conduisent parfois à prendre des libertés avec les libertés (ici le principe de la personnalité des peines). Même pas : c'est bien plus prosaïquement le souci excessif de protéger les intérêts patrimoniaux de l'Etat qui conduit à léser des innocents. La séquelle des exceptions jadis admises au principe de la responsabilité personnelle, le visage contemporain de ces « crimes atroces » (tel le régicide) dont parlait JOUSSE, hélas ! c'est aujourd'hui l'existence d'une créance impayée du Trésor public.

Addendum:

Nous n'ignorons pas le triple aspect assigné par la doctrine aux sanctions pénales patrimoniales, pour la confiscation peine, mesure de police et de sûreté et réparation,[1] à rapprocher du double aspect des amendes fiscales et douanières : peine et réparation. Une brillante étude a montré que les tribunaux judiciaires, juges du droit privé, se mêlaient encore de police administrative, malgré le « dogme » de la séparation des pouvoirs.[2] Ils se mêlent aussi de finances publiques. Ces pratiques, héritées de l'Ancien régime, résistant à la tourmente révolutionnaire, ont été reprises par la loi sur la police municipale et correctionnelle des 19 et 22 juillet 1791. Les instruments de cette police administrative et fiscale, ce sont les peines secondaires, notamment la confiscation. Quand la confiscation frappe le coupable,

---

1 A la suite du Belge Jean-Jacques HAUSS en 1879.

2 J.-H. ROBERT, L'instabilité des qualifications jurisprudentielles et doctrinales des peines secondaires, Mélanges Larguier, Presses universitaires de Grenoble, 1993, p. 241 et s.

c'est une peine. Quand elle frappe un innocent, c'est une mesure de sûreté. Dans tous les cas, c'est un mesure de réparation au Trésor. Il n'est alors pas étonnant qu'elles connaissent un régime autonome par rapport à celui de la peine stricto sensu. Lorsqu'elles sont critiquées au regard des dispositions de la Convention européenne des droits de l'homme, la Cour de cassation répond qu'il s'agit de « mesures à caractère réel » auxquelles ne s'applique pas la Convention ou encore que ces mesures sont « étrangères aux prévisions de la Convention »,[1] ce qui est une manière de ne pas ouvrir le débat. Comme la Cour européenne a construit la notion de matière pénale comme embrassant toutes les sanctions pénales, administratives, disciplinaires, fiscales pour appliquer à cet ensemble tout un réseau de garanties devant profiter à celui contre qui une accusation est dirigée, nul doute que de nouveaux cumulus ne se profilent à l'horizon strasbourgeois. En réalité, la confiscation (comme peut-être aussi les amendes fiscales et douanières) est utilisée par la Cour de cassation comme un instrument de politique criminelle visant à assurer tout à la fois l'efficacité de la répression, la préservation de l'ordre public et la santé des finances publiques, au besoin en marge de ce qu'a prévu le législateur. Pour cela, elle confère aux peines secondaires une qualification changeante en fonction des buts à atteindre : si elle veut exclure du relèvement ou de l'amnistie ou du sursis, elle dira que ce sont des mesures à caractère réel, si elle souhaite ne pas motiver, elle dira que ce sont des peines, etc.

---

[1] Crim. 26 mars 1990 (Dr. pén. 1990, n° 229) et 5 décembre 1990 (Dr. pén. 1991, n° 86).

Transaction et médiations pénales : les difficultés d'exécution

par André VARINARD

Professeur à l'Université Jean-Moulin (Lyon III)

Dans une déclaration récente Madame la Ministre de la Justice E. Guigou affirmait que la régulation par le droit n'implique pas nécessairement le recours au juge. La régulation par le droit, expliquait-elle, peut se réaliser soit par le recours à la loi, soit par le recours aux modes alternatifs de règlement des conflits[1].

Cette solution concerne aujourd'hui le droit répressif, où l'on connaît, à côté de l'application de la loi pénale dans les conditions classiques, des procédures fondées sur le consentement du délinquant et dont l'objectif est d'éviter le procès ! Ainsi au mode traditionnel, c'est-à-dire juridictionnel, de résolution d'un litige est substitué un mode non juridictionnel.

Alors même que la justice pénale est le modèle le plus parfait d'une justice à caractère rétributif[2], alors même que l'action publique appartenant à la société, qui seule dispose du droit de punir, est en

---

[1] B. Brunet ; les modes alternatifs de règlement des litiges. Quelques propos sur la réforme de la justice et la régulation par le droit ; Gazette du palais ; 21 décembre 1997, doctrine 2. Cartier : les modes alternatifs de règlement des conflits en matière pénale ; Revue générale des procédures 1998 p 1.

[2] Tulkens et Van de Kerchove. La justice pénale, justice imposée, justice participative, justice consensuelle ou justice négociée ? Revue de droit pénal et de criminologie – 1995 – p. 445

principe totalement indisponible, la transaction et la médiation ont aujourd'hui une place de plus en plus importante dans notre système pénal.

L'idée contemporaine de la médiation pénale s'est d'abord développée à titre expérimental dans notre pays dès les années 1980. Certaines de ces procédures s'inscrivaient clairement en dehors du champ pénal, d'autres initiés par les magistrats, fonctionnaient en étroite relation avec les institutions judiciaires[1]. Le nombre des affaires traitées restait néanmoins marginal jusqu'à l'institutionnalisation de la médiation pénale par un texte de 1993.

Si l'on ne peut guère constater que des raisons de politique criminelle sont à l'origine du développement de ces procédures alternatives au procès pénal il est non moins certain que la multiplication des hypothèses de recours à des solutions alternatives de règlement des conflits a une explication plus pragmatique pour ne pas dire triviale. Elle est inhérente au fonctionnement du système pénal lui-même. En effet l'appareil répressif étant totalement saturé se trouve dans l'incapacité de traiter l'intégralité des infractions commises. Dès lors dans un système fondé sur le principe de l'opportunité des poursuites, la traduction immédiate est une augmentation du taux des classements sans suite qui selon les dernières statistiques concerneraient 80 % des affaires.

Face à un tel constat toute solution permettant de désengorger l'institution pénale apparaît bienvenue même si l'intérêt du justiciable semble, dans ce cas, bien moins important que celui du système lui-même.

---

[1] Sur les différentes expériences de médiation, voir J.P. Bonnafé – Schmitt ; La médiation pénale en France et aux Etats-Unis, Droit et société 3 ; p. 29 et suivantes – Faget ; la médiation pénale. Essai de politique pénale ; Eres ; p. 79. Leblois-Happe ; la médiation pénale comme mode de réponse à la petite délinquance. Etat des lieux et perspectives ; Revue de sciences criminelles ; 1994 – 525 – Cario ; la médiation pénale. Entre répression et réparation ; L'Harmattan ; 1997.

En dehors de la dépénalisation qui consiste à faire sortir le fait réprouvé du champ pénal traditionnel en le soumettant à une répression administrative, en dehors de la décriminalisation qui conduit à considérer que le fait devient licite,[1] l'utilisation de procédures alternatives, permettant d'éviter le procès pénal, constitue une excellente stratégie pour diminuer le volume des classements sans suite.

Dans le cadre d'une procédure où les magistrats du ministère public s'efforcent de traiter en temps réel l'ensemble des poursuites, il sera proposé au délinquant et à la victime une mesure tendant à éviter le procès. La médiation pénale est évidemment l'une de ces mesures mais elle n'est pas la seule. Il existe en effet depuis une loi très récente du 23 juin 1999 une véritable procédure de transaction pénale pouvant mettre fin au processus de sanction pénale. Il s'agit de la mesure de composition pénale qui peut concerner toute une série d'infractions de faible gravité. En réalité, on peut rappeler que cette solution n'était pas jusqu'alors entièrement étrangère à la procédure pénale. Dans des domaines, certes limités, on rencontre quelques situations où l'acceptation par le délinquant d'une mesure qui sans être une peine, présentant néanmoins un caractère contraignant, entraîne l'extinction de l'action publique.

La caractéristique de ces diverses mesures, qu'elles soient très récentes ou plus anciennes, c'est qu'elles ne se conçoivent pas sans une acceptation formelle de ceux à qui elles sont proposées.

Le consentement est donc un élément déterminant de ce type de procédure. En effet, il faut rappeler ici qu'aux termes de la convention européenne des droits de l'homme (art 6-1) « toute personne accusée en matière pénale a droit à un tribunal impartial et indépendant ». Si la cour européenne a affirmé récemment que l'article 6 garantit à chacun le droit à ce qu'un tribunal connaisse de toute contestation relative à ses droits et obligations, ce qui revient à affirmer le droit à un tribunal[2], elle estime cependant que les procédures consensuelles ne

[1] Voir Pradel ; Droit pénal comparé ; n° 108 et suivants.

[2] C.E.D.H. 19/03/97 Hornsby c/Grèce D 1998-74 note Fricero.

sont pas contraire à la convention[1]. Si cette décision valide les procédures alternatives au procès pénal encore est-il nécessaire qu'il y ait une acceptation expresse de la mesure proposée. Encore faut-il que le prévenu le fasse en toute connaissance de cause, c'est-à-dire en connaissant exactement ses droits, autrement dit en sachant parfaitement que l'on peut refuser la proposition faite par le ministère public. Qu'il s'agisse de médiation ou de transaction au sens large nous nous trouvons donc au cœur d'une justice consensuelle c'est-à-dire celle dont l'efficacité dépend du consentement des personnes qui y sont soumises et ce pratiquement à chacune des phases de la procédure.

Il importe de souligner que les formes de la justice consensuelle sont assez différentes. L'élément minimum est évidemment une adhésion à la proposition formulée par le parquet mais dans certains cas elle est fondée sur un processus contractuel beaucoup plus élaboré. On peut ainsi distinguer ce que nous pouvons appeler une justice acceptée, par exemple dans le cadre de la composition pénale et une justice négociée lorsque la résolution du litige pénal repose sur un accord passé entre le délinquant et la victime sous l'égide d'un tiers, le médiateur dans le cadre de la médiation pénale.

Il reste dans toutes ces hypothèses à déterminer qu'elle peut-être l'incidence du consentement, caractéristique fondamentale des modes alternatifs de résolution des conflits, s'agissant de l'exécution des décisions, thème spécifique de ce colloque.

D'une manière générale la décision pénale comporte deux types de dispositions, la première qui apporte une solution à l'action publique est une sanction pénale, la seconde qui apporte une solution à l'action civile lorsqu'une victime s'est constituée partie civile, est une sanction civile c'est-à-dire l'attribution de dommages et intérêts.

Mais, dans le domaine qui nous intéresse il n'y a évidemment aucune décision pénale au sens précis de ce terme puisque l'objectif des procédures consensuelles est justement d'éviter le procès répressif.

---

[1] C.E.D.H. 27/02/1980 Deweer C. Belgique - D. Allix ; Le droit à un procès pénal ; Justices ; 1998 ; n° 10 ; p. 19

Dans tous les cas l'objectif de la procédure est d'apporter une solution au litige né de l'infraction pénale tant en ce qui concerne l'action publique que l'action civile. Si la médiation et la transaction constituent d'abord des modes de traitement de l'action publique, elles peuvent également avoir une incidence déterminante sur le règlement de l'action civile. En fait il y a souvent une grande interdépendance dans les solutions concernant les deux actions. Contrairement à ce que l'on pourrait imaginer, le caractère consensuel des solutions qui doivent être appliquées, ne supprime pas les difficultés d'exécution. Par souci de simplification nous évoquerons successivement les difficultés d'application relatives à l'action publique (I) puis celle concernant l'action civile (II).

I. JUSTICE CONSENSUELLE ET TRAITEMENT DE L'ACTION PUBLIQUE

Comme nous l'avons indiqué précédemment, les magistrats du ministère public qui souhaitent éviter la non réponse que constituent les classements sans suite disposent de deux grands types de solutions. Dans le premier cas, le représentant du ministère public va proposer au prévenu une solution alternative à la poursuite. Le parquet qui dispose du droit de ne pas poursuivre, sur la base du principe de l'opportunité des poursuites, peut aussi, plutôt que de déclencher l'action publique, offrir aux délinquants une solution intermédiaire à savoir accepter une mesure qui, sans être une peine, présente néanmoins un caractère contraignant. Au sens large, il s'agit d'accepter une transaction pénale. La seule manifestation du consentement se traduira par une adhésion à la solution proposée par le magistrat du parquet.

On peut alors parler de justice acceptée. Ce qui caractérise cette première formule, c'est qu'elle entraîne l'extinction de l'action publique (A). Dans le second cas la proposition du parquet est fondée sur un processus contractuel beaucoup plus élaboré et il est alors possible de parler de justice négociée. Le droit français ne connaissant pas la procédure de « *plea barganing* »[1]., la médiation pénale est le meilleur exemple d'une justice pénale contractualisée. Dans ce cas la résolution du litige pénal repose sur un accord passé entre le délinquant et la victime. Le ministère public préalablement à sa décision sur l'action publique propose aux parties, victime et délinquant de recourir à une médiation dont l'objet essentiel concerne évidemment la réparation de l'infraction. Il est alors assez normal que cette mesure n'ait aucune efficacité immédiate sur l'action publique. La justice négociée qui concerne avant tout la réparation du dommage n'est donc pas, au moins sur le plan des principes, incompatible avec la maintien de l'action pénale.

A. JUSTICE ACCEPTEE ET DISPARITION DE PRINCIPE DE L'ACTION PUBLIQUE.

Si le modèle de la justice acceptée correspond à la procédure de la composition pénale mise en place par une loi du 23 juin 1999, il importe d'observer que notre droit connaissait déjà quelques dispositions, reposant sur le concept général de transaction.

Ainsi en est-il du système de l'amende forfaitaire qui concerne de très nombreuses contraventions de faible gravité, particulièrement dans le domaine de la circulation routière (art.529 et s. article R49 à R 49-13 c.pr.pén.). Dans ce cas, le contrevenant peut immédiatement éteindre l'action publique en acquittant l'amende au moyen d'un timbre amende. Il y a bien une offre de transaction tacite et permanente que le délinquant peut refuser s'il souhaite faire examiner son affaire par un juge. En cas de silence du prévenu pendant trente jours, il se verra infliger une amende forfaitaire majorée mais une nouvelle fois une réclamation peut-être formulée qui permettra de revenir à une procédure de poursuite classique. Le consentement à chaque stade de la procédure permet donc de respecter les droits de la personne poursuivie, conformément aux exigences de la convention européenne des droits de l'homme.

---

[1] A. Guinchard ; la qualité de partie à l'instruction en droits (fédéral) américain et français ; Revue de sciences criminelles ; 1997 ; 611

Il existe en matière contraventionnelle une autre hypothèse qui concerne les infractions à la police des services publics de transport terrestre. Dans ce cas, l'action publique peut être éteinte par une véritable transaction entre le contrevenant et l'exploitant. Elle est réalisée par le versement à l'exploitant d'une indemnité forfaitaire, soit entre les mains de l'agent verbalisateur soit auprès des services de l'exploitant.

Là encore, l'extinction de l'action publique, par cette solution, implique l'adhésion du contrevenant. Ce dernier peut toujours refuser la procédure en adressant une réclamation au ministère public qui permettra de revenir à l'exercice d'une action publique classique.

Dans le même registre on peut également signaler l'hypothèse ou l'action publique peut disparaître parce que le délinquant à accepté de se soumettre à des soins. Il en est ainsi en matière d'usage de stupéfiants (art. 628-1 C. sant.pub.). Si le drogué accepte et subit la cure de désintoxication jusqu'à son terme, il y aura extinction de l'action publique.

Mais, il existe également quelques hypothèses ou l'action publique peut s'éteindre par une véritable transaction. Cette solution est prévue par l'article 6 du c.pr.pén. (al.3). On sait que certaines administrations se sont vues accorder l'exercice de l'action publique pour les infractions qui les concernent directement et dont elles ont prioritairement connaissance : contributions indirectes - douanes – eaux et forêts – postes et télécommunications – environnement – aviation civile. Ces administrations peuvent proposer au délinquant d'abandonner les poursuites sous réserve du versement d'une somme d'argent dont elles vont déterminer le montant et le délai de paiement. Si le délinquant accepte et acquitte la somme dans le délai prévu l'action publique est éteinte, aucune poursuite n'est donc plus possible. Il a été admis qu'une nouvelle poursuite ne serait pas possible même sous une qualification différente[1]. Si la transaction a un effet limité à celui à qui elle a été proposée, il est en revanche admis que lorsqu'elle est proposée à une personne morale elle s'étend

[1] Crim. 7/3/1984 Bull. crim. 1096.

à son représentant légal ou à ses préposés[1]. Deux observations peuvent être ajoutées.

La première est relative à l'accord du ministère public qui est exigé aujourd'hui pratiquement dans tous les cas ce qui tend à démontrer qu'il s'agit déjà d'un véritable mode de gestion de l'action publique.

La seconde est relative à la nature juridique de cette transaction qui reste très controversée. Pour certains auteurs (Dobkine)[2], il s'agirait d'une sorte de contrat pénal.

Si ces différentes hypothèses sont intéressantes, elles démontrent l'absence d'une règle générale en ce domaine. La loi du 23 juin 1998 créant la composition ne généralise sans doute pas le système de la transaction, mais elle en étend considérablement le domaine.

La volonté de réduire les classements sans suite avait conduit le législateur français à mettre en place un système d'injonction pénale.[3]. Au delà d'une terminologie discutable, la solution proposée s'apparentait à une transaction proposée par le ministère public. Ce dernier pouvait, avant toute poursuite, proposer au délinquant soit de s'acquitter d'une somme d'argent, soit d'effectuer un travail d'intérêt général soit de réparer le dommage causé par l'infraction et de remettre la chose ayant servi à commettre cette infraction. Cette proposition ne pouvait être faite que pour des infractions d'assez faible gravité précisément énumérées, punies d'un emprisonnement inférieur à trois ans et à un prévenu reconnaissant les faits. Bien entendu le délinquant devait adhérer à la proposition ce qui entraînait, sous réserve d'exécution, l'extinction de l'action publique.

---

[1] Crim. 30 mai 1994 Bull. Crim. n° 210

[2] Voir pour cette question Dobkine ; la transaction pénale ; D 1994. 137 – Pradel ; Procédure pénale ; n° 185 ; Gassin ; Encyclopédie Dalloz droit pénal – Transaction.

[3] Pradel ; Procédure pénale n° 185. D'une loi avortée à un projet nouveau sur l'injonction pénale ; D 1995 ; Chronique 171 – K. Medjaoui ; l'injonction pénale et la médiation pénale : tableau comparatif ; Revue de sciences criminelles ; 1996, 823.

Nonobstant l'intérêt évident de cette mesure le Conseil Constitutionnel par un arrêt en date du 2 février 1995 [1] devait la déclarer inconstitutionnelle comme étant de nature à porter atteinte à la liberté individuelle. Selon la haute juridiction ces mesures, si elles étaient prononcées par un tribunal, constitueraient des sanctions pénales. Elles ne peuvent donc être décidées par une autorité chargée de l'action publique. C'est donc la confusion entre autorité de poursuite et autorité de jugement, le représentant du Ministère Public étant amené à proposer une sorte de peine, qui explique la censure de la haute juridiction.

Une solution de ce type s'imposant pour des raisons évidentes de politique criminelle, un nouveau projet de loi permettant de proposer une solution plus rigoureuse qu'une médiation, sans pour autant déclencher une poursuite fut déposé par le gouvernement. Bien sûr ce texte reste fondé sur le principe de la transaction, mais il prévoit des dispositions conformes aux vœux du conseil constitutionnel. La mesure proposée prend le nom de composition pénale et s'inspire assez largement de l'injonction pénale. Quant aux conditions de mise en œuvre tout d'abord, on observe que la mesure ne peut être proposée qu'à une personne physique majeure qui reconnaît les faits. Elle peut-être proposée soit par le représentant du parquet lui-même soit par une personne habilitée : un délégué du procureur par exemple.

L'article 41-2 du code de procédure pénale énumère toute une série d'infractions qui sont susceptibles de se voir appliquer cette procédure : violences – vols simples – menaces etc. c'est-à-dire la délinquance urbaine de masse passible d'une emprisonnement maximum de trois ans. Les travaux parlementaires ont ajouté à la liste initiale la conduite sous l'empire d'un état alcoolique et l'usage de stupéfiants. Le texte concerne également quelques contraventions, essentiellement les violences et les dégradations contraventionnelles (art. 41-3 c.pr.pén.).

Quant au contenu de la mesure, le procureur de la République dispose d'un choix entre quatre obligations. La première, la plus importante, est évidemment la composition pécuniaire c'est-à-dire le paiement

---

[1] Const.N°095-360-JO du 07.02.95.

d'une somme d'argent au profit du Trésor. Cette somme est fixée en tenant compte tout à la fois de la gravité des faits et des ressources et des charges du prévenu. Le paiement peut être échelonné avec un délai maximum d'un an. Une double limite est fixée à savoir 25 000 F. ou la moitié de l'amende encourue.

La deuxième obligation consiste à se dessaisir au profit du Trésor de la chose ayant servi à commettre l'infraction ou du produit de cette infraction.

La troisième obligation consiste à remettre son permis de chasse ou son permis de conduire au greffe du tribunal de grande instance pendant quatre mois s'il s'agit d'un délit, deux mois s'il s'agit d'une contravention.

La quatrième obligation enfin est l'imposition d'un travail non rémunéré, d'une durée de soixante heures au plus, à assurer dans un délai de six mois pour un délit et de trente heures dans un délai de trois mois lorsqu'il s'agit d'une contravention.

Comme on peut le constater, le législateur a emprunté ces obligations au catalogue des peines. Certaines précautions ont néanmoins été prises, terminologiques notamment, pour bien rappeler qu'il ne s'agit en aucune manière de sanctions pénales.[1].

Il faut encore ajouter que, lorsqu'il existe une victime identifiée le procureur doit proposer au délinquant de réparer les dommages causés par l'infraction dans un délai maximum de six mois, la victime étant évidemment informée de la proposition faite au délinquant.

Quant aux modalités de la composition, il importe de rappeler que la procédure précède nécessairement le déclenchement de l'action publique ce qui revient à observer que la victime en délivrant une citation directe ou en se constituant partie civile peut paralyser cette action.

---

[1] Pradel : Une consécration du « *plea bargaining* » à la française : la composition pénale D 1999 – 379.

La composition est donc proposée par le ministère public, soit directement, soit par l'intermédiaire d'un officier de police judiciaire. Elle est alors nécessairement précisée par écrit. Pour éviter toute pression elle ne peut pas être offerte pendant une garde à vue. Elle peut être offerte dans une maison de justice et du droit ce qui montre qu'elle s'intègre dans l'ensemble des mesures alternatives au procès pénal.

L'élément essentiel est évidemment l'acceptation de l'auteur des faits. Un certain formalisme a été prévu pour recueillir cet accord. Un délai lui est imparti. Il doit être assez long pour respecter les droits de la défense. Le prévenu est informé qu'il peut se faire assister par un avocat avant de donner cet accord. L'acceptation est recueillie par procès verbal dont une copie lui sera remise.

Si le prévenu accepte, alors s'ouvre une deuxième phase. En effet pour tenir compte des observations du conseil constitutionnel, une procédure de validation par un magistrat du siège a été mise en place. Le président du tribunal correctionnel pour les délits, le juge d'instance pour les contraventions, saisis par le parquet, devront,soit valider la composition pénale soit refuser cette validation. Là encore, la procédure prévue a pour objet de protéger le droit des parties. Le délinquant et la victime sont informés de la procédure et ils pourront être entendus assistés de leurs avocats. Le juge ne dispose que de deux solutions : soit valider la composition ce qui la rend exécutoire, soit la refuser ce qui la rend caduque. En revanche il ne peut pas modifier la proposition. La décision qui sera notifiée n'est pas susceptible de recours. Pendant toute cette procédure, le délai de prescription est suspendu entre la date de proposition de la mesure et la date d'expiration de son délai d'exécution. Le délinquant n'a donc aucun intérêt à laisser traîner les choses.

Si le délinquant exécute correctement la composition, l'action publique est éteinte et l'infraction ne laissera aucune trace puisque la décision même validée par le juge n'est nullement une condamnation pénale. Tout au plus la décision fera t-elle l'objet d'un enregistrement au bureau d'ordre de la juridiction. On fonde de très sérieux espoirs sur cette technique pénale pour résorber une partie du contentieux de masse. On peut pourtant être inquiet du très grand formalisme qui entoure cette mesure. Ne pourrait-il pas réduire son efficacité ? Il est vrai que toutes ces formules de justice acceptée entraînent la disparition de l'action publique. Imposant des mesures de contrainte qui présentent un caractère punitif, on peut comprendre qu'elles impliquent une protection du droit des prévenus. La justice négociée, nous allons le voir, qui ne conduit pas aux mêmes effets est exempte d'un tel formalisme.

B. JUSTICE NEGOCIEE ET MAINTIEN DE L'ACTION PUBLIQUE

Dans notre droit, la médiation pénale constitue donc la forme la plus accomplie d'une justice contractualisée. Cette mesure a été institutionnalisée par une loi du 4 janvier 1993, donc assez récemment, mais curieusement la loi avait été précédée par une circulaire du 2 octobre 1992 qui, sous la forme d'une note d'orientation, précisait la politique du ministère en matière de médiation pénale.

Il est vrai que la pratique avait largement précédé les textes et que, dans le cadre d'une politique judiciaire de la ville, de nombreuses expériences de médiations avaient été expérimentées. Avant l'entrée en vigueur de la loi plus de soixante-dix tribunaux avaient mis en place avec les associations d'aide aux victimes, les barreaux, les collectivités locales, des procédures de médiation.

L'installation de boutiques du droit[1] ou des maisons de justice et du droit, à l'initiative des parquets, sont des exemples intéressants dans le foisonnement des initiatives[2].

Sans entrer dans les détails, on notera que certaines médiations peuvent se réaliser en dehors du système judiciaire. Elles sont

[1] J.P. Bonnafé-Schmitt, Les boutiques du droit : l'autre médiation ; Archives de politique criminelle ; 14 ; p. 57)
[2] A. Wyvekens ; Analyse des activités des maisons de justice et du droit du tribunal de grande instance de Lyon : Ministère de la justice ; 1995

qualifiées de médiation sans contrôle judiciaire[1]. Dans d'autres cas, la médiation se situe dans le contexte du système pénal. Elle peut être déléguée à une association d'aide aux victimes, on parle alors de médiation déléguée[2], ou sociétale sous contrôle judiciaire. Elle est retenue[3]lorsque les services de médiation sont directement intégrés aux structures judiciaires par exemple dans les antennes de justice.

Nous nous limiterons ici aux seules procédures institutionnelles, c'est-à-dire les hypothèses où le procureur de la République, préalablement à sa décision sur l'action publique, va proposer aux parties, qui doivent évidemment accepter la mesure, de rechercher avec l'aide d'un tiers, le médiateur, une solution librement négociée pour le conflit né de l'infraction commise.

Cette médiation pénale s'inscrit, depuis la loi du 23 juin 1999, dans un ensemble de mesures alternatives à la poursuite prévues par l'article 41-1 du c. pr. pen. Le législateur a en effet tenu à formaliser dans un texte les différentes mesures de classement sans suite sous condition qui avaient été mises en place par les parquets dans le cadre de leur autonomie. Outre la médiation, quatre types de mesures sont indiquées. La première est le rappel à l'auteur des faits, des obligations résultant de la loi, solution qui a priori concernera les mineurs. La deuxième consistera à orienter le délinquant vers une structure médicale, sociale ou professionnelle, c'est-à-dire à offrir une mesure de type thérapeutique. La troisième consistera à enjoindre à l'auteur des faits de régulariser sa situation au regard de la loi et des règlements. Ainsi dans le domaine du droit pénal technique, comme celui de l'environnement, cela permettra de faire respecter des obligations qui ne l'avaient pas été jusqu'alors. La quatrième enfin consistera à demander au délinquant de réparer les dommages résultant de l'infraction.

---

[1] Lazerges ; Médiation pénale, justice pénale et politique criminelle ; Revue de sciences criminelles ; 1997 – 186

[2] J.P. Bonnafé-Schmitt ; La médiation pénale en France et aux Etats-Unis ; Droit et société 3 ; p. 38.

[3] Voir Lazerges, article précité

Toutes ces solutions, à l'image de la médiation elle-même, peuvent être utilisées lorsqu'elles sont susceptibles d'assurer la réparation du dommage, de mettre fin au trouble résultant de l'infraction ou de contribuer au reclassement de l'auteur des faits. Ces conditions sont des éléments de politique criminelle qui doivent guider le procureur dans sa décision. Le représentant du ministère public semble retrouver une plus grande liberté de choix puisqu'avec le nouveau texte ces conditions ne sont plus cumulatives, l'utilisation du mot « ou » impliquant l'alternative.

Si nous nous intéressons maintenant à la médiation proprement dite, elle peut concerner les majeurs comme les mineurs, mais l'objectif de ces procédures est très différent.

La médiation pénale concernant les majeurs[1] est envisagée comme un obstacle à l'exercice de l'action publique par volonté du ministère public. Le rôle du parquet est en effet déterminant d'abord dans l'initiative de la médiation et ensuite quant à ses conséquences.

La décision de recourir à la médiation est prise de manière discrétionnaire par le procureur. Informé par les services de police ou les services sociaux de proximité, ce dernier pourra proposer la mesure en fonction des chances de succès de sa réalisation et tout particulièrement des chances d'indemnisation de la victime.

Sans doute la médiation peut-elle être suggérée par l'une des parties, auteur ou victime, mais le parquet reste libre d'accepter ou non cette proposition.

Contrairement à la composition pénale le recours à la médiation n'est pas limité à une liste d'infractions précisément déterminées mais il est clair que, dans les faits, elle n'est utilisée que pour des infractions de faible ou moyenne gravité et en principe dans un contexte relationnel mettant en cause des personnes qui, en général, se connaissent et qui le plus souvent vivent dans un même lieu, un quartier par exemple. On peut citer les conflits familiaux relatifs aux enfants, les conflits de

---

1 Sur cette procédure, voir la médiation pénale ; Berg ; Rep. Dalloz droit pénal ; 1999

voisinage mais aussi les infractions contre les biens (vols, dégradations, filouteries) commises dans des endroits particuliers, les banlieues par exemple.

Il s'agit alors de dédramatiser certains faits et de permettre aux protagonistes de l'infraction de se réapproprier leur conflit. On espère responsabiliser le délinquant pour éviter la récidive et permettre à la victime, en rencontrant l'auteur des faits, d'exprimer directement son sentiment et ses attentes au regard du préjudice subi. On souhaite donc résoudre les problèmes de délinquance dans la durée.

Les maisons de la justice et du droit, créées par certains magistrats, légalisées par une loi du 22 décembre 1998 sont aujourd'hui un lieu privilégié de réalisation des médiations pénales.

Cette procédure qui se règle entre délinquant et victime ne se situe qu'au niveau des intérêts civils. Elle n'a aucune incidence directe sur l'action publique. Mieux, pour ne pas hypothéquer une poursuite éventuelle, le délai de prescription de l'action publique est suspendu pendant toute la durée de la procédure de médiation.

Dans l'hypothèse ou la médiation se révèle un succès le ministère public va simplement classer l'affaire sans suite. C'est donc la solution de l'action civile qui va conditionner celle de l'action publique. Encore faut-il remarquer que le classement sans suite n'est nullement définitif et que dans le délai de la prescription rien n'interdit au parquet de déclencher des poursuites, si le prévenu commet de nouvelles infractions par exemple. En réalité il faut admettre que la crédibilité de l'institution implique un engagement moral du parquet de ne pas poursuivre si la médiation aboutit à un accord.

En cas d'échec, le ministère public peut évidemment déclencher des poursuites mais il garde son entier pouvoir d'opportunité. En fait, le seul véritable problème concerne l'utilisation ultérieure des éléments de preuve de l'infraction qui résultent de la médiation. Il n'est pas contestable que l'acceptation d'une médiation constitue une sorte de reconnaissance des faits, une forme d'aveu de culpabilité. Sur le plan des principes, le respect de la présomption d'innocence interdit de tenir compte de cet aveu indirect qui ne peut donc pas préjudicier au prévenu. Pour autant ne serait-il pas naïf d'imaginer que le juge pourra, en son for intérieur faire totalement abstraction de cet élément de preuve. On mesure l'intérêt de fonder de telles procédures sur un consentement totalement éclairé des personnes qui y sont soumises.

Pour en terminer, il reste à dire quelques mots de la mesure de médiation s'appliquant aux mineurs[1]. C'est une procédure très particulière prévue par la loi du 4 janvier 1993, introduisant un article 12-1 dans l'ordonnance du 2 février 1945 relatives aux mineurs. Cette solution, généralement appelée médiation-réparation, peut intervenir avant les poursuites mais aussi en cours de procédure.

Dans le premier cas, la mesure est assez voisine de celle concernant les majeurs. L'initiative appartient au ministère public qui peut proposer une activité d'aide ou de réparation au profit de la victime. Bien entendu, la procédure suppose le consentement, non seulement du mineur et de la victime, mais également des titulaires de l'autorité parentale. S'agissant de mineurs, qu'il convient de protéger, la mesure est entourée d'un grand formalisme. En fait la procédure constitue moins une négociation directe entre la victime et le délinquant qu'une recherche par le médiateur d'un moyen de découvrir une solution d'aide ou de réparation pouvant convenir à la victime.

Le suivi de la mesure est souvent confié au service de protection judiciaire de la jeunesse. A l'issue du délai fixé, le procureur, en toute liberté, se prononcera définitivement sur la poursuite en classant sans suite.

Mais la réparation peut également être utilisée comme solution alternative à la sanction, après la poursuite, au stade de l'instruction ou du jugement. Elle reste fondée sur le consentement. Elle prend alors l'aspect d'une sanction éducative.

Comme on peut le constater, dans le domaine de la médiation, la victime joue un rôle essentiel puisque toute mesure de ce type est soumise à son consentement. La réparation du dommage devenant une sorte de substitut à la peine, la victime se voit attribuer un pouvoir

---

[1] Bouloc ; Pénologie ; Dalloz ; 1998 n° 389

exorbitant dans notre droit, celui de paralyser le déclenchement d'une procédure à caractère pénal. Un auteur[1] a pu parler de dépénalisation sous consentement de la victime et de l'auteur, à la réparation du dommage par voie de médiation.

Comme on peut le voir, il existe donc une grande interdépendance entre l'action publique et l'action civile dans le cadre des procédures consensuelles, ce qui nous conduit maintenant à examiner l'incidence des différentes formes de justice consensuelle sur le traitement de l'action civile.

II. JUSTICE CONSENSUELLE ET TRAITEMENT DE L'ACTION CIVILE

Comme on le sait, toute infraction à la loi pénale, dans la mesure où elle entraîne un dommage donne naissance à une action privée au profit de la victime, qu'on appelle action civile. Quelle va être le sort de cette action, quelles difficultés d'application va-t-on rencontrer quand l'action publique est soumise à une procédure alternative. Les solutions seront certainement très différentes selon que l'on se situe dans le cadre d'une mesure négociée ou au contraire acceptée. En effet, dans le premier cas, le principe même de la médiation repose sur l'idée que la réparation peut être une sorte de substitut à la sanction. Dès lors, l'action civile est mise au premier plan et l'accord, lorsqu'il se réalise, concerne la réparation du dommage. En toute logique, l'action civile doit disparaître.(A) En revanche, dans les procédures de transaction sur l'action publique, au sens large de ce terme, l'objet de la procédure alternative est assez différent. Il s'agit d'éviter le procès pénal. Sans doute la victime n'est pas ignorée, mais elle passe au second plan. Dans le meilleur des cas il s'agira, nonobstant l'extinction de l'action publique, de lui faciliter l'exercice de l'action civile qui est bien évidemment maintenue.(B)

---

[1] Voir Desdevises, article précité.

A. JUSTICE NEGOCIEE ET DISPARITION DE PRINCIPE DE L'ACTION CIVILE

L'objet de l'action civile est avant tout d'obtenir la réparation du préjudice causé par l'infraction. Il n'est donc pas étonnant que le législateur puisse accepter que l'action civile disparaisse autrement que par son exercice devant une juridiction pénale. Il est ainsi admis que l'action civile s'éteigne non seulement par renonciation ou désistement mais encore par transaction[1]. L'article 2046 du code civil énonce expressément que l'on peut transiger sur l'intérêt civil qui résulte d'un délit. La transaction, qui est un contrat, supprime donc, lorsqu'il est valable, toute possibilité pour la victime, d'agir en justice afin de réclamer des dommages et intérêts.

La question qui se pose à nous est donc de savoir si l'accord de médiation peut être assimilé à une transaction. A priori la réponse ne devrait faire aucun doute même si la loi de 1993 est totalement muette sur ce point. On précisera en revanche que la note d'orientation, publiée par le ministère de la justice en octobre 1992, affirme péremptoirement qu'il s'agit d'une transaction avec toutes les conséquences qui en résultent[2].

Il faut rappeler que la médiation est une procédure entièrement consensuelle. La victime doit nécessairement accepter cette solution proposée par le parquet mais le consentement doit ensuite se manifester à chaque phase de la procédure jusqu'à la signature d'un accord définitif. Jusqu'à ce moment au moins, la victime peut souhaiter revenir à une poursuite classique, par exemple en se constituant partie civile.

En revanche, si l'accord a été signé en toute connaissance de cause et dans des conditions garantissant le respect des droits de la victime, il est normal que ce contrat qui, selon l'article 2044 du code civil, met

---

[1] Desdevises ; Réparer ou punir : la médiation pénale ; Les petites affiches ; 1997 ; n° 102.

[2] Voir B. Brunet, article précité) (Circulaire 92-13 du 2 octobre 1992)

fin à une « contestation née d'une infraction » soit, quant à ses effets assimilé à une transaction.

L'exercice de l'action civile, c'est-à-dire toute action en réparation du dommage devient donc impossible. En effet, aux termes de l'article 2052 du code civil, la transaction a, entre les parties, l'autorité de la chose jugée en dernier ressort.

Faut-il en déduire qu'en cas d'inexécution de ses engagements par le délinquant la victime se verrait interdire toute action en réparation ? Juridiquement la solution n'est pas illogique puisque dans le cadre du droit commun des obligations, la victime a une double solution : soit agir en exécution de la transaction, soit agir en résolution pour inexécution afin d'obtenir la reprise de ses droits initiaux[1].

La jurisprudence, d'ailleurs très peu nombreuse sur cette question et qui concerne les transactions au sens classique, est tout à fait en ce sens. C'est en se fondant sur l'exception d'inexécution qu'un ancien arrêt[2] a estimé que dans ce cas la victime est libérée de ses propres obligations et que l'action civile peut reprendre son cours normal. Plus récemment la chambre commerciale de la cour de cassation s'est prononcée dans le même sens en admettant qu'en raison de l'inexécution d'une transaction « le créancier était recevable à demander la restitution de ses droits primitifs »[3].

Il faut par ailleurs admettre que pour invoquer la fin de non recevoir de chose jugée, il est indispensable d'avoir soi-même respecté les conditions de la transaction. Ainsi le délinquant qui n'a pas exécuté l'obligation découlant de l'accord de médiation ne pourrait pas utiliser un tel moyen de défense[4] et ainsi tout naturellement la victime pourrait à nouveau exercer l'action civile.

Il faut bien reconnaître que la réalité des conditions de la médiation pénale s'accommode mal d'un juridisme excessif. L 'exécution forcée

---

[1] Blanc, La médiation pénale J.C.P. 1994 – n° 3760.
[2] Crim.13 avril 1899 S.1900 1 533.
[3] Cass.Com.24 novembre 1982 Bull. Civ. IV n°373.
[4] En ce sens Cass. Soc. 13/11/1959 D 1960 - 240.

n'apparaît guère possible pour un accord qui, très fréquemment, comportera, au-delà de l'indemnisation stricto sensu, certaines obligations de faire ou de ne pas faire. En effet, le contenu des accords de médiation est infiniment divers. L'idéal, selon les spécialistes, est d'ailleurs qu'il comportât des obligations réciproques.

Sans doute, la réparation du dommage causé par l'infraction constitue-t-elle la base du contrat mais elle peut prendre des formes très différentes. Il arrive que les engagements n'aient pas d'autre valeur que morale et relèvent plutôt du symbolique : respecter à l'avenir les prescriptions légales, par exemple le droit de visite du parent non gardien. Dans d'autres cas, l'obligation prendra la forme d'une prestation de services c'est-à-dire d'une réparation : réparation des dégâts ou service à rendre à une collectivité. Enfin et c'est le cas le plus fréquent la réparation est financière. Dans ce dernier cas le protocole précise le montant de la réparation ainsi que les modalités de réalisation notamment les délais. Assez fréquemment le médiateur servira d'intermédiaire. Il est évident que seul ce dernier type d'accord pourra bénéficier d'une exécution forcée mais alors on revient au procès, ce que la médiation voulait justement éviter. Si de nombreux auteurs contestent le principe même de la force exécutoire de l'accord de médiation c'est sans doute parce qu'ils considèrent que, dans le cadre d'une justice négociée, le refus d'exécution est un signe d'échec impliquant le retour à une procédure normale, c'est-à-dire à une poursuite classique qui peut être déclenchée directement par le parquet ou à l'initiative de la victime qui peut se constituer partie civile.

En dehors de l'inexécution elle-même un autre problème pourrait se poser pour la victime c'est celui de l'évaluation du préjudice. Il est parfaitement possible que la victime accepte une indemnisation minorée. Elle peut d'ailleurs s'expliquer par le fait que le délinquant va accepter d'autres engagements : restitution d'objets ou service rendu à une collectivité. Ces mesures négociées dans le cadre de la médiation, agréées par la victime, constituent au sens large une réparation et elles représentent un élément de l'évaluation.

A ce propos il importe de rappeler que selon les règles du droit civil la transaction ne peut pas être rescindée pour lésion ou pour une erreur de droit mais seulement si il y a erreur sur l'objet de la contestation (art.2053 c.civ.).

Une telle circonstance semble difficilement pouvoir trouver place en matière de médiation même si la chambre criminelle paraît avoir une conception assez extensive en matière d'erreur[1].

La logique de médiation peut évidemment impliquer des concessions de la part de la victime soit quant au mode soit quant au contenu de la réparation. Il faut donc, et c'est l'élément déterminant, qu'elle soit très clairement informée de ses droits, qu'un délai suffisant lui soit accordé pour qu'elle puisse éventuellement consulter un avocat. Ces éléments mettent en lumière le rôle essentiel joué par le médiateur dans le succès d'une médiation.

Il importe à ce propos de rappeler que les textes sont assez flous quant au choix des médiateurs. La note de 1992 signalait simplement qu'il s'agissait d'un professionnel ou d'un bénévole répondant à des conditions déontologiques strictes. Il a fallu attendre un décret du 10 avril 1996 pour que soit organisée une habilitation des médiateurs par l'assemblée générale des magistrats du tribunal ou de la cour d'appel. Les médiateurs peuvent être des personnes physiques ou morales (associations de victimes par exemple). Au-delà il suffit sur le plan de la moralité de ne pas avoir fait l'objet d'une condamnation, incapacité ou déchéance. Au nom du principe de neutralité le texte ajoute qu'il ne doit pas exercer d'activités judiciaires à titre professionnel. Les praticiens du droit sont donc exclus mais le texte ne donne pas pour autant un monopole aux professionnels du secteur social.

Toute personne peut donc être médiateur, aucune formation n'est exigée et dans la mesure où cette activité est indemnisée on pourrait voir se constituer un véritable marché de la médiation.

Le rôle du médiateur n'est nullement précisé par les textes et pourtant il est clair qu'il va jouer un rôle déterminant dans la mise en place de l'accord de médiation. Bien sûr il travaille dans le cadre d'un mandat

---

[1] Crim. 28/10/1976 Bull. crim. n°305.

judiciaire, mandat qui doit normalement fixer les missions du médiateur dans leur contenu et leurs limites.

Quant à son rôle exact il faut insister sur le caractère contractuel de la médiation ce qui signifie que le médiateur ne peut faire aucun choix à la place des parties. Il doit cependant veiller à ce que l'accord ne se réalise pas au détriment de l'une d'entre elles. Il se doit donc à la plus grande neutralité. Il ne peut évidemment pas faire pression par exemple pour obliger la victime à accepter une indemnisation partielle. En effet dans la logique de la médiation il ne peut y avoir ni perdant ni gagnant. En définitive son seul rôle est celui d'un facilitateur pour que se dessine un accord. Il faut d'ailleurs remarquer que toute solution différente serait vouée à l'échec puisque chaque partie peut toujours revenir sur son accord. Il ne suffit pas que l'accord soit signé pour être efficace. Un accord n'a des chances raisonnables d'être appliqué que dans la seule mesure où il a été librement voulu et accepté dans toutes ses conséquences et ce, en connaissance de cause. Il s'agit bien d'une justice négociée. On peut dès lors comprendre que le recours à un avocat dont on pouvait discuter de l'opportunité de la présence en matière de médiation, ait, en définitive, été permis par la loi du 18 décembre 1998 traitant de l'accès au droit. Les parties qui acceptent de recourir à une médiation peuvent bénéficier de l'aide juridictionnelle c'est-à-dire obtenir le concours d'un avocat rémunéré.

On notera pour terminer qu'assez paradoxalement en raison de sa dénomination la médiation-réparation des mineurs ne paraît pas avoir la même incidence sur l'action civile. Fondée sur l'idée d'une responsabilisation du mineur elle est plutôt conçue comme une alternative à la sanction. On sait qu'elle peut prendre la forme d'une réparation indirecte, un travail d'aide étant effectué au profit d'une collectivité. Dans ce cas elle ne suppose aucun accord de la victime directe du dommage et ne peut donc avoir aucune incidence sur son action civile. Si la victime était associée à une telle mesure il importerait de faire préciser si elle considère que la mesure éducative peut valoir réparation ce qui alors pourrait avoir une incidence sur l'action civile.

Lorsque la médiation prend la forme d'une réparation directe du préjudice causé à la victime la solution est assez différente. Il faut nécessairement l'accord de la victime sur l'étendue et les modalités de la réparation. Il peut arriver que cette réparation soit très inférieure au dommage et que dans certains cas elle prenne un caractère symbolique. Peut-on alors sérieusement considérer qu'il s'agit d'une transaction sur les intérêts civils. Rien n'est moins sûr et la circulaire d'application du 11 mars 1993 paraît se prononcer en sens contraire puisqu'elle admet une éventuelle action en recouvrement de dommages civils par la victime. Bien entendu il est parfaitement possible que la victime accepte de considérer que la prestation obtenue équivaut à une réparation. Il faudra alors que cela soit indiqué dans le protocole d'accord. Dans ce cas on peut dire qu'il y a transaction et que l'action civile est éteinte. Dans le cas où, au contraire, la victime ne considère pas que la prestation proposée est compensatoire du dommage on doit admettre que l'exercice d'une action civile reste possible.

Ainsi contrairement à ce que l'on pouvait imaginer le sort de l'action civile n'est pas nécessairement réglée parce qu'il y a eu un accord de médiation. Au-delà d'un principe certain, les difficultés d'application montrent bien les limites dans le domaine pénal, d'un système reposant sur la seule force d'une solution négociée. Le maintien de l'action civile dans le cas d'une justice acceptée paraît poser beaucoup moins de problèmes.

B. JUSTICE ACCEPTEE ET MAINTIEN DE L'ACTION CIVILE

Les différentes formes de transaction que nous avons classées sous la rubrique d'une justice consensuelle acceptée n'entraînent pas toujours les mêmes problèmes eu égard à l'action civile.

Si le principe du maintien de l'action civile s'impose dans tous les cas, il faut bien reconnaître que la question n'a guère d'intérêt pratique pour certaines hypothèses envisagées dès lors qu'une action civile est très peu probable. Il en est ainsi dans tous les cas où l'existence d'une victime est assez hypothétique. Nous citerons à titre d'exemple l'injonction thérapeutique en matière d'usage de stupéfiant ou encore le système de l'amende forfaitaire.

Sans doute n'est-il pas inconcevable que certaines contraventions soumises à cette dernière procédure puissent entraîner un dommage à une victime auquel cas une action en indemnisation reste tout à fait possible. Elle ne pourra évidemment être intentée que devant le tribunal d'instance.

La situation paraît en revanche tout à fait différente s'agissant de la procédure prévue par l'article 529-3 c. pr. pén. relative à certaines infractions à la police des services publics de transport terrestre. En effet, bien que le texte soit muet à ce sujet on peut considérer qu'au delà de l'extinction de l'action publique, l'action civile soit,-elle aussi, concernée. En effet, aux termes de l'article 529-3 la transaction est réalisée par le versement à l'exploitant d'une indemnité forfaitaire qui peut le cas échéant être augmentée de la somme due au titre du transport. Si l'on précise que dans l'hypothèse ou le règlement n'est pas effectué immédiatement on peut ajouter les frais de constitution du dossier, on ne voit guère sur quelle base pourrait être fondée une action civile. On doit donc admettre, que dans ce cas particulier, l'action civile est difficilement envisageable.

La solution est-elle très différente pour les transactions proposées par certaines administrations relativement à des infractions qui les concernent directement et pour lesquelles elles assurent les poursuites.

Il est bien évident qu'une transaction intervenue entre l'administration et le délinquant ne peut pas nuire à des tiers en particulier aux victimes de l'infraction. Lorsqu'une infraction, susceptible de transaction, porte également atteinte à des intérêts particuliers individuels ou collectifs, par exemple en matière d'infractions de pêche, à une fédération départementale ou à une association de pêcheurs, ces victimes gardent un intérêt à se constituer partie civile contre le délinquant. On ne voit pas pourquoi la transaction leur enlèverait ce droit. En revanche on n'imagine pas une action civile de l'administration elle-même.

Cette position de principe laisse cependant subsister deux difficultés.

La première est relative à la compétence du tribunal civil dans une telle hypothèse. D'une manière générale il faut considérer que la saisine d'un tribunal répressif n'est pas possible si la transaction intervient avant toute poursuite. Sauf exception textuelle, il existait une telle possibilité en matière de transaction économique : loi du 27 décembre 1973 [1], l'action civile ne peut être exercée que devant une juridiction civile.

Si la transaction intervient en cours de poursuite il faut distinguer selon qu'un jugement sur le fond est ou non intervenu. Dans le premier cas la juridiction répressive reste compétente[2], alors que dans le second, le juge est dessaisi[3]. La deuxième difficulté concerne la valeur de l'aveu implicite de l'infraction par le délinquant. On sait que la transaction s'appuie sur une reconnaissance des faits. Cette reconnaissance implique-t-elle la preuve de la culpabilité du contrevenant au profit de la victime ? La solution n'a semble-t-il, jamais été tranchée par la cour de cassation mais une réponse négative paraît s'imposer en raison du caractère purement formel de l'aveu. On sait par ailleurs que la reconnaissance des faits ne doit avoir aucune incidence sur une instance pénale si la transaction n'aboutit pas.

Pour en terminer il nous reste à préciser quelle est le sort de l'action civile en cas de composition pénale.

Le texte relatif à la composition pénale est parfaitement clair en cette matière. On remarquera tout d'abord que la procédure, elle même, peut être utilisée pour favoriser l'indemnisation de la victime. En effet selon l'alinéa 6 de l'article 41-2 (c. pr. pén.) lorsque la victime est identifiée le procureur doit proposer au prévenu de réparer les dommages causés par l'infraction dans un délai qui ne peut être supérieur à six mois. La victime est informée de cette proposition qui, évidemment, ne sera pas mise en œuvre si l'auteur des faits justifie avoir réparé le préjudice causé. On notera que le pluriel du mot « dommages » sous-entend que les dommages moraux et corporels sont également visés. On peut en revanche s'interroger sur le verbe « proposer » qui a été retenu par le législateur. Ne faut-il pas considérer qu'il s'agit d'une obligation ?

---

[1] Crim. 10/12/1984 Bull. crim. n° 392

[2] Crim. 3 mai 1957 Bull. crim. n° 355

[3] Crim. 12 mai 1959 JCP 1959 II 11.2.16 note H.G.

Peut-on admettre que l'inexécution de cette mesure sera sans conséquence sur la validité de la transaction ? On peut espérer que le décret d'application permettra de répondre à toutes ces questions.

En tout état de cause les droits de la victime sont très précisément sauvegardés par la loi. En effet, l'action civile est expressément maintenue et qui plus est devant les tribunaux répressifs. Aux termes de l'avant dernier alinéa de l'article 41-1 (c.pr. pén), la victime qui n'a pas été indemnisée peut délivrer une citation directe devant le tribunal correctionnel.

Le tribunal ne statuera alors que sur les seuls intérêts civils au vu du dossier qui est versé aux débats. Il tiendra compte d'une exécution partielle de la composition, donc des sommes qui auront pu être déjà versées à la victime (art. 41-1 alinéa 11).

Une nouvelle fois, et nonobstant le principe du maintien de l'action civile en cas de mesure acceptée, l'interférence entre les deux types d'action montre bien que les solutions sont infiniment plus nuancées.

Contrairement à certaines affirmations, un peu simplistes, les solutions pénales consensuelles sont loin de régler toutes les difficultés d'exécution sur un plan pénal comme sur un plan civil. Mais allant un peu plus loin il convient de s'interroger sur les dangers de telles procédures pour ceux qui y sont soumis. Le consentement des parties, et notamment du délinquant, n'est peut être pas entièrement suffisant pour accepter, sans restrictions, toutes ces procédures. Il importe comme nous l'avons vu de respecter certains principes fondamentaux garantissant les droits de la défense mais il faut aussi impérativement éviter certains pièges.

On sait que la nouvelle procédure de composition pénale à pour objectif de donner une réponse juridique à des infractions qui n'étaient souvent réglées que par des classements sans suite brutaux. Encore faudrait-il que cette mesure ne devienne pas le droit commun en matière pénale et le procès l'exception en raison des enjeux symboliques que représente la sanction décidée à la suite d'une véritable procédure.

La médiation pénale a dans l'esprit de ses promoteurs initiaux des objectifs de politique criminelle c'est-à-dire plus qualitatifs que quantitatifs. Le risque majeur est alors que cette procédure, qui se déroule en dehors ou en marge de l'appareil judiciaire, ne devienne la procédure normale de traitement de la petite délinquance.

En effet, cela reviendrait à créer une sorte de justice parallèle, une justice-bis au rabais, qui ne pourrait être qu'une sous-justice parce qu'elle ne présente pas toutes les garanties du procès équitable au sens de la Convention Européenne des droits de l'homme.

Les procédures alternatives de règlement des conflits ont certainement pour fonction de contribuer au désengorgement de l'appareil judiciaire. Cet objectif est loin d'être critiquable en soi mais encore faut-il qu'il ne soit pas réalisé en sacrifiant plus ou moins délibérément les droits du délinquant ou de la victime. Dans le cas contraire on aura du mal à faire taire les critiques souvent formulées d'une justice sans droit[1] ou encore d'une privatisation du service pénal[2]. La répression des infractions est indispensable. Elle ne peut en aucune manière être réalisée à ce prix.

---

[1] Ruellan ; Les modes alternatifs de résolution des conflits. Pour une justice plurielle dans le respect du droit ; J.C.P. 1999 I 135

[2] Voir Lazerges, article précité à la revue de sciences criminelles

Débat

M. HASSENFRATZ, Procureur de la République à Lyon

Vous avez insisté sur l'engorgement de la Justice, je voulais tout simplement m'étonner un peu qu'on accorde une telle importance à l'engorgement de la Justice dans un pays qui dispense de si médiocres crédits à la Justice.

On a raison de dire que l'appareil répressif tel qu'il existe actuellement ne permet pas de faire face à la masse des contentieux de nature pénale, pour citer l'exemple de Lyon, nous sommes saisis annuellement d'un peu plus de 150 000 affaires, 157 000 très précisément en 1998 et le Tribunal Correctionnel produit un peu moins de 8 000 jugements. En ajoutant les Tribunaux de Police, les Tribunaux pour Enfants, on arrive à 13 000 décisions judiciaires rendues par les juridictions pénales du premier degré. Vous parlez de 40 % de classement sans suite, le taux lyonnais est plus important que celui là puisqu'il avoisine les 90 %. Il faudra pondérer ce chiffre en indiquant que 60 % à peu près des affaires qui nous sont soumises, sont sans auteurs connus. Dans ce cas, sauf les infractions graves pour lesquelles nous requérons l'ouverture d'information contre X, nous n'avons pas d'autres alternatives, que de classer sans suite. Mais pour les autres, nous nous employons, de plus en plus, à apporter une réponse judiciaire efficace et notamment au soutien des droits légitimes de la victime, également par des sanctions qui soient suffisamment rétributives. Cela nous conduit à recourir assez massivement, à ce que nous appelons la médiation pénale, souvent de manière impropre puisque nous mélangeons assez largement les concepts.

Je pense que dans les mois qui viendront, le Parquet de Lyon s'emploiera à mieux définir ces concepts et leurs modes de traitement. Il faut savoir qu'au regard de ces 8 000 jugements correctionnels, nous avons 4 000 médiations pénales chaque année, ce qui veut dire que la réponse judiciaire est dans deux tiers des cas classiques et d'un tiers des cas alternative. Ce qui justifie quelque part je crois la conclusion que vous émettiez, le risque d'une justice qui soit rendu d'une autre manière.

Cela étant la pratique du Parquet de Lyon consiste à passer par l'intermédiaire des maisons de justice et d'appliquer très largement cette médiation retenue dont vous parlez. Aussi dans certains cas, nous déléguons également des médiations mais ce sont des cas assez marginaux par rapport aux modes classiques de traitement.

Pour l'instant, nous ne faisons pas de distinction nette entre classement sous condition et médiation pénale, nous demandons à des délégués du procureur d'appliquer l'une et l'autre solution, ce qui en soi, est effectivement un peu hérétique, je le concède assez volontiers, mais nous allons probablement corriger le tir dans l'avenir.

Quant au fond, je ne peux que me rallier aux différentes conclusions que vous émettiez, tant sur l'aspect action publique que sur l'aspect action civile. Je crois que vous avez très justement décrit la situation telle qu'elle existe au regard des textes. Nous voulons répondre aux infractions qui nous sont soumises. Jusque là les Parquets, faisaient un tri entre les infractions qui étaient considérées comme graves et qui donnaient lieu à des poursuites, et les infractions considérées comme bénignes qui donnaient lieu à un classement, non réponse, de l'institution judiciaire. Or, nous nous rendons compte de plus en plus que ce sont, précisément les petites et moyennes infractions qui pourrissent la vie des gens pour simplifier le terme et qui appellent impérativement une réponse de l'institution judiciaire.

Nous avons cessé d'ignorer les petites infractions pour nous pencher sur elles, donc la solution de la médiation du classement sous condition et dans l'avenir de la composition pénale aussi, est une réponse efficace de l'institution. Elle ne répond pas seulement à une logique de gestion des flux mais à une logique de gestion des affaires elles-mêmes.

M. le Professeur NORMAND

J'aimerais avoir deux précisions à propos de la composition. Vous nous avez dit tout à l'heure, à propos de l'exécution de la composition que si le délinquant exécutait correctement l'accord qui avait été passé dans ce cadre, l'action publique était éteinte, qu'est-ce qui éteint exactement l'action publique ? Est-ce l'accord lui-même ou l'exécution ?

M.le Professeur VARINARD

C'est l'exécution

Question :

Quid en cas d'inexécution, est-ce une simple situation de fait qui autorise le Parquet a considérer dans sa sagesse que l'action publique n'est pas éteinte et par conséquent à aviser à nouveau dans le cadre de l'opportunité des poursuites ou y a-t-il un constat ? y a-t-il une contestation ? pourrait-on imaginer une exécution forcée ou une contrainte indirecte à cette exécution ? Autrement dit qu'elle est la situation juridique ?

M. le Professeur VARINARD

Il est difficile de répondre car cela dépendra du décret d'application. Sur le plan des principes, il est clair que c'est l'exécution de la composition qui éteint l'action publique. Mais il y a par exemple, le problème de l'offre qui est faite au délinquant d'indemniser la victime dans un délai de 6 mois. Ce que je n'ai pas très bien compris c'est pourquoi le législateur utilisait l'expression « proposer à ». Il pourrait enjoindre tout simplement au délinquant, d'indemniser la victime, mais il propose, ce qui me fait m'interroger sur la sanction de la réparation simplement partielle ou de l'absence de réparation ? Est-ce que l'on considérera que la composition pénale n'a pas été exécutée moyennant quoi, l'action publique pourrait à nouveau être exercée. Simplement, nous tombons inévitablement sur l'opportunité des poursuites. Le fait que la composition pénale n'ait pas été exécutée permet simplement au Ministère Public de déclencher les poursuites. Là encore cela permettra aussi à la victime de citer directement devant le tribunal répressif. Tant que l'on se trouve dans les délais, et on y sera nécessairement, puisqu'il y a suspension du délai de l'action publique. On a néanmoins besoin du décret d'application pour avoir quelques précisions notamment par rapport aux droits de la victime.

Question :

Je voudrais revenir sur l'exposé de M. Jean CEDRAS à propos de la transmission successorale des amendes, de l'obligation à payer les amendes auxquelles a été condamné le défunt. Visiblement, vous êtes choqués par cette transmission. Choqué manifestement pour des raisons morales et juridiques. Au risque de choquer à mon tour, je ne suis pas choqué par cette transmission, là encore pour des raisons morales et juridiques. Tout d'abord en ce qui concerne l'aspect juridique, je suis bien d'accord pour dire qu'il serait tout à fait choquant tant juridiquement que moralement qu'une peine d'emprisonnement soit transmise par la voie successorale, que les héritiers soient conduits en prison à la place du défunt, je suis bien d'accord. Mais pour une amende, cela ne me choque pas tout à fait, parce que si l'obligation de purger une peine de prison a un caractère extra-patrimonial, l'obligation de payer une somme d'argent, soit au titre d'une amende soit au titre de dommages et intérêts, a un caractère tout à fait patrimonial, dans ces conditions puisque l'obligation a tout à fait un caractère patrimonial, je ne vois pas pourquoi, elle ne sera pas transmise aux héritiers. On pourrait aussi dire et c'était la teneur de votre discours, que l'obligation de payer l'amende constitue une peine, et qu'en la transmettant aux héritiers on leur inflige une peine. Juridiquement, je ne suis pas certain, cela étant, je ne suis pas pénaliste donc je peux me tromper, la peine n'est-elle pas constituée par la naissance de l'obligation ?

Infliger une peine à quelqu'un sous forme d'amende, est-ce que ce n'est pas faire naître dans son patrimoine une obligation de verser une somme d'argent, auquel cas, la transmission de cette obligation ne constitue pas une peine, car la peine a effectivement été subie par le défunt à l'époque ou il était vivant, dans la mesure où son patrimoine a été grevé.

Le fait de payer l'amende, ce n'est plus le fait de subir une peine, c'est le fait de la purger, le fait de l'exécuter, en quelque sorte à mon sens, la punition, ce n'est pas le fait de payer la somme d'argent, c'est le fait de voir naître au passif du patrimoine, l'obligation de faire payer la somme d'argent.

A ce titre, je dirais que les héritiers ne supportent pas une peine puisque l'obligation a été infligée à une personne et pas aux héritiers.

Enfin moralement, je dirai que je ne suis pas choqué non plus, car lorsque l'on hérite d'un défunt, on hérite de son actif et de son passif, je dirai que c'est un tout, c'est à prendre ou à laisser. C'est le principe même de l'héritage. Il y a dans un patrimoine quand on hérite, des aspects positifs dont on est content quand on en hérite, et des aspects négatifs qui font moins notre affaire.

A ce titre, je crois que toute obligation patrimoniale dès lors qu'elle a un caractère patrimonial, doit pouvoir normalement sauf cas très particuliers être transmise, cela ne me choque pas du tout moralement, je voudrais savoir ce que vous en pensez, notamment sur la notion de peine ?

M. le Professeur CEDRAS :

Les obligations patrimoniales sont transmissibles à cause de mort, je crois que c'est la base même du droit des successions, mais je reprends ce que vous avez dit *in-fine* sauf cas particuliers. Il me semble que l'obligation pécuniaire mise à charge du condamné embrasse l'un de ces cas particuliers où l'obligation patrimoniale ne serait pas transmissible, cela tient à la nature des choses. La sanction pénale patrimoniale est d'une nature particulière et on méconnaît totalement la dimension de la peine si on en fait une simple obligation civile. On ne peut pas s'entrechoquer parce que ce sont des postulats. Le postulat pénal est aussi choquant me semble-t-il, d'envisager la transmission successorale des emprisonnements que d'envisager la transmission successorale parce que l'un comme l'autre ont été prononcées à titre de peine et donc cela ne se transmet pas.

La deuxième question était sur la notion même de peine ?

Question :

Si je suis votre pensée Monsieur CEDRAS, j'ai cru comprendre que pour vous, lorsqu'une obligation de payer une amende est transmise aux héritiers, les héritiers subissent en quelque sorte une peine, je crois qu'il faut essayer de décortiquer le mécanisme qui conduit à infliger une peine d'amende à quelqu'un, où est la peine ? A partir de quand la peine est-elle infligée ? Est-ce que l'on peut considérer qu'il y a une peine quand l'amende est versée ou au contraire faut-il considérer que la peine est infligée lorsque l'obligation est née, quand la peine est-elle prononcée ?

M. le Professeur CEDRAS :

On peut même dire que l'obligation naît dès que l'infraction est commise car c'est à partir de ce moment là que naissent l'action publique et l'action civile.

Question :

Oui, mais le fait que naisse l'action publique est une chose et le fait qu'une peine soit prononcée, c'est peut être peu différent ; j'aurai tendance à dire que dès lors que la peine est prononcée la personne est punie, elle est punie parce que son passif patrimonial est alourdi : à ce titre la personne s'appauvrit. Je raisonne en pur droit patrimonial de la famille comme on fait en régimes matrimoniaux, c'est-à-dire la personne dès qu'elle a une obligation supplémentaire au passif de son patrimoine, s'appauvrit, même si à côté elle a beaucoup de biens, je crois que c'est là la punition. Ensuite, reste à savoir si cette obligation sera payée où si elle ne le sera pas : autrement dit si la peine sera exécutée ou si elle ne le sera pas. J'ai du mal à concevoir que les héritiers soient eux-mêmes punis, je crois qu'ils ne le sont pas. C'est le défunt qui a été puni par la naissance d'une obligation ensuite cette obligation si elle subsiste à son décès, a été transmise à ces héritiers, cela ne me choque pas, ni en droit, ni moralement.

M. le Professeur CEDRAS :

Je reconnais la valeur de ce que vous dites, je répète que l'on ne peut pas dissocier l'exécution du prononcé. Si cela est exact on ne dissocie pas la personnalité de la responsabilité, la personnalité de la peine. Il n'y a pas de raison de faire subir à autrui les conséquences de la condamnation pénale infligée à l'autre.

M. le Professeur TARZIA

Sur ce problème qui est naturellement un problème de caractère général et qui touche aux civilistes et aux pénalistes, je voulais tout simplement rappeler que l'existence d'obligations intransmissibles est prévu dans le code civil, cela ne doit pas choquer que des obligations d'aliments ne se transmettent pas à d'autres sujets qui ne sont pas les héritiers de l'obligé parce que c'est une obligation du père, de la mère, etc., et je dirai *a fortiori* que l'obligation qui naît de l'application de l'amende ne peut pas être transférée, je voudrais ajouter que le droit pénal italien connaissait la transformation de l'amende en peine privative de liberté si l'amende n'était pas payée. C'est un système qui a été déclaré inconstitutionnel mais qui souligne il me semble l'équivalence de l'amende à la sanction restrictive du point de vue de la nature et donc à sa totale intransmissibilité.

L'exécution en contentieux administratif : actualité

Par Daniel CHABANOL, Conseiller d'Etat, Professeur associé à l'Université de Saint-Etienne

Lorsque j'étais étudiant, mes professeurs m'ont appris que, si la juridiction administrative avait quelques qualités, elle souffrait d'un vice fondamental, à savoir que les juges administratifs n'avaient pas les moyens de faire exécuter leurs décisions.

A ce premier postulat s'ajoutait, avec non moins d'évidence, une explication en forme elle aussi de postulat, à savoir que le juge administratif ne saurait donner aucun ordre à l'administration, laquelle au demeurant ne l'exécuterait pas.

Depuis, je suis devenu juge administratif, et j'ai pu constater, au fil des années, que d'une part la réalité démentait totalement le premier postulat, cependant que le second ne reposait que sur un tabou, qu'un texte de loi a, en 1995, suffi à faire disparaître: le juge administratif adresse aujourd'hui des injonctions à l'administration :

- le mauvais procès que l'on faisait à la juridiction administrative n'a plus lieu d'être.

- et le contentieux administratif se transforme de façon fondamentale.

I/ Un mauvais procès et un faux problème

A/ Depuis longtemps existe au Conseil d'Etat un mécanisme qui a pour mission, entre autres, de pourvoir à l'exécution des décisions de la juridiction administrative. La Commission du Rapport, devenue Section du Rapport et des Etudes, connaissait, sans formalisme excessif de saisine, des difficultés d'exécution rencontrées par les requérants. Agissant par des méthodes qui furent largement improvisées, par le téléphone, le courrier, la persuasion en somme, cette institution a, sans pouvoirs formalisés, rempli sa mission, et de façon plutôt positive. Relisons les rapports d'activité du Conseil d'Etat antérieurs à la réforme de 1995: en 1994, la section du rapport a enregistré 1304 saisines. C'est fort peu, au regard du nombre d'affaires jugées par la juridiction administrative à l'époque, soit environ 100 000 par an. Plus encore: notre système a un taux de succès tout à fait remarquable, puisque la moitié des affaires ainsi soumises à la section du rapport trouvait une issue favorable en moins de trois mois, et 70 % en moins de six mois.

A ce succès n'était pas étrangère la possibilité pour le Conseil d'Etat, inscrite dans la loi depuis juillet 1980, de prononcer une astreinte à l'encontre des personnes publiques (ou des personnes privées chargées de la gestion d'un service public): la menace permanente de voir le dossier d'exécution se transformer en dossier d'astreinte n'a pas été sans influence sur les succès des diligences de la section du rapport.

Au total donc, et même avant la réforme de 1995, il est inexact de dire qu'il y avait un problème d'exécution des décisions de la juridiction administrative, même si certains îlots de résistance subsistaient, dont on trouve trace dans le rapport public. Observation étant faite au demeurant que la mention, parfois très personnalisée, dans ce rapport public, de cette résistance avait généralement des effets très positifs, qu'elle vise le directeur général des impôts ou le président du conseil général de l'Yonne.

B/ Ce mauvais procès est de toute façon devenu historique, puisque la loi du 8 février 1995 a mis sur pied un système que l'on veut encore plus performant. Et ce, de deux façons.

En premier lieu, on a procédé à une déconcentration des compétences de la section du rapport: les tribunaux administratifs comme les cours administratives d'appel se voient désormais chargés de pourvoir, selon les méthodes mêmes de cette section, à l'exécution des décisions qu'ils ou elles ont rendues. Le tribunal administratif a compétence pour l'exécution de ses jugements devenus définitifs, et la cour administrative d'appel pourvoit à l'exécution de ses arrêts et des jugements frappés d'appel devant elle, et qui, selon une règle générale applicable devant la juridiction administrative demeurent exécutoires malgré appel. Le Conseil d'Etat demeure compétent pour se pencher sur l'exécution de ses propres décisions et de celles des juridictions administratives spécialisées.

En second lieu, le législateur a ajouté au volet, que l'on pourrait qualifier de répressif, constitué par l'astreinte, un volet préventif, codifié à l'article L 8-2 du code des tribunaux administratifs et des cours administratives d'appel.

1/ L'article L 8-4 organise les diligences -calquées sur les méthodes de la section du rapport- que l'on peut a posteriori demander au président de la juridiction : a posteriori, en ce sens qu'il s'agit de faire en sorte que soit exécutée une décision juridictionnelle déjà rendue. Diligences qui dans un premier temps limité à six mois sont purement amiables, pour se transformer ensuite en une phase contentieuse pouvant aboutir au prononcé d'une astreinte. Le montant de cette dernière n'est pas négligeable (il atteint couramment 1000 F. par jour), étant toutefois signalé que, pour éviter un enrichissement indû du requérant tout en conservant l'aspect incitatif d'un taux d'astreinte élevé, le législateur a prévu que le juge prononçant l'astreinte pourrait décider qu'une partie pourrait en être versée au fonds de compensation de la TVA.

2/ A côté de ce renforcement de l'aspect "répressif" a donc été mis sur pied un système préventif (article L 8-2 du code des TA et des CAA). Il est possible au requérant de demander au juge administratif, en même temps qu'il le charge de l'objet principal de son litige, d'ordonner à son adversaire de prendre les mesures nécessaires à l'exécution de la décision juridictionnelle qui sera rendue. Ces ordres peuvent prendre deux formes:

- ou bien l'exécution de la décision de justice "implique nécessairement" que soit prise une décision dans un sens déterminé, et alors le juge pourra, si cela lui est demandé, enjoindre à l'administration de la prendre, dans un délai qu'il détermine, assorti le cas échéant d'une astreinte.

- ou bien cette exécution n'implique pas nécessairement qu'une telle décision soit prise, auquel cas le juge se bornera à impartir à l'administration un délai pour réexaminer la demande du requérant.

Naturellement, le Conseil d'Etat bénéficie des mêmes pouvoirs.

Les travaux parlementaires ne révèlent pas que l'on ait, en votant ce texte, eu ni l'intention ni même le sentiment de faire une révolution. L'intention était purement chronologique, pourrait-on dire. Au lieu d'en rester au système "a-posteriori", qui supposait que l'on attende l'inexécution pour saisir le juge des difficultés, on a ainsi imaginé de devancer l'évènement, et de prendre d'ores et déjà les mesures destinées à prévenir une éventuelle mauvaise volonté, dans le temps même où l'on jugeait le principal. Objectif donc de pure simplification des démarches, et création d'un pouvoir d'injonction qui à première lecture n'apparaît pas très révolutionnaire, puisque le juge ne peut ordonner l'édiction d'une mesure déterminée que lorsqu'elle est "nécessairement impliquée", expression que les commentateurs ont rapidement -trop rapidement- assimilée aux hypothèses de compétence liée.

Je pourrais borner là mon propos: tout allait assez bien, et cela va encore mieux. Mais le contentieux administratif a ceci de particulier qu'il sait faire sortir de textes même anodins des trésors insoupçonnés, et que ceux même qui les ont rédigés ne soupçonnèrent pas.

II/ Une transformation fondamentale du contentieux administratif

A/ Les juges ne se sont pas limités à une lecture littérale de l'article L 8-2, et notamment de cette expression "implique nécessairement", dont on vient de rappeler qu'elle fut, au début, lue comme se référant aux seules hypothèses de compétence liée.

Après quelques hésitations, les juges administratifs en sont venus à l'idée qu'il n'était peut-être pas systématiquement nécessaire de renvoyer l'intéressé devant l'administration aux fins de nouvel examen de son dossier, même lorsque cette dernière conservait, en la matière, un pouvoir d'appréciation qu'elle devrait alors exercer sous le contrôle traditionnel du juge.

Soit un refus, dont la légalité est contestée, disons parce que le motif en est discuté et discutable. La reconnaissance par le juge de son illégalité n'implique pas nécessairement, automatiquement, que l'on donne satisfaction au demandeur, puisqu'aussi bien, de même qu'un train peut en cacher un autre, de même un motif juridiquement erroné peut en cacher un autre qui serait pertinent. Dans une telle hypothèse, relativement fréquente, la lecture littérale de la loi aurait du conduire le juge à se borner à inviter l'administration à réexaminer la demande, après annulation du refus.

Est-ce souhaitable, s'est-on progressivement demandé, puisque, après ce nouvel examen, et une éventuelle réitération du refus -autrement motivé- le juge sera de nouveau saisi de la légalité de ce nouveau refus...? Et ne serait-il pas plus efficace d'effectuer devant le juge cette nouvelle instruction, ce qui le conduirait, au terme de cette instruction, à dire l'étendue du droit de l'intéressé à obtenir ce qu'il demande, et, si ce droit est reconnu, à enjoindre à l'administration d'y faire droit ? Ainsi pourrait-on mettre un terme définitif à une aventure qui, dans le système classique, aurait pu durer une décennie, de refus en refus successifs et successivement attaqués pour excès de pouvoir. C'est à partir de cette idée que, peu à peu, les choses ont avancé.

Le basculement s'est produit, au Conseil d'Etat, par l'arrêt BOUREZAK, du 4 juillet 1997, intervenu dans le domaine des refus de visas d'entrée sur le territoire français. Le Conseil d'Etat constate d'abord, dans son rôle de juge de l'excès de pouvoir, que le refus de visa opposé et contesté devant lui porte une atteinte disproportionnée au droit de M. Bourezak à mener une vie familiale normale, et méconnaît donc l'article 8 de la convention européenne de sauvegarde des droits de l'homme et des libertés fondamentales; il l'annule donc. Ensuite, et c'est cela qui est novateur, le Conseil d'Etat, ayant invité préalablement le ministre des affaires étrangères à lui faire savoir si des considérations d'ordre public -primant sur l'article 8- pouvaient être invoquées à l'encontre du requérant, et après avoir constaté que le ministre n'en invoquait aucune, enjoint audit ministre de délivrer dans le mois le visa demandé.

B/ De ce jour, tout a changé: l'injonction de prendre une mesure dans un sens déterminé n'est plus réservée aux quelques hypothèses de compétence liée, mais s'étend à de vastes champs du contentieux administratif. Changement fondamental, car là où l'objet du recours pour excès de pouvoir est seulement de rechercher si un acte a été pris selon les bonnes règles de l'action administrative, la demande d'injonction conduit le juge à se demander si cet acte était bien fondé, autrement dit si l'administré avait droit à obtenir ce qu'il demandait. Nous ne sommes pas très éloignés du recours en déclaration de droit cher à nos voisins allemands.

Et cette place encore réduite occupée par les litiges "en injonction" ne pourra à mon sens que grossir. L'édifice de l'excès de pouvoir pur était parfaitement adapté à une période où le souci principal de l'administré était d'empêcher la puissance publique de porter atteinte à ses libertés au sens large. Adaptation parfaite, car il suffisait d'annuler la décision -positive- d'intervention publique pour que soit rempli l'objectif recherché par le justiciable, qui était de rester à l'abri des incursions publiques. Aujourd'hui, l'administré est d'abord quelqu'un qui a besoin que l'administration agisse, lui délivre une autorisation, un permis, un titre quelconque. Et cet administré est moins intéressé par le fait de savoir si l'administration fonctionne bien ou mal au regard du droit administratif (c'est l'objet du recours pour excès de pouvoir de le dire) que par le fait de savoir s'il a droit au titre réclamé, et s'il l'obtiendra grâce au juge.

Grâce aux textes relatifs à l'exécution, et à la lecture qui en a été faite, le requérant va se trouver enfin -du moins peut-on l'espérerdevant un juge qui répondra réellement à son attente: les instruments procéduraux nouveaux vont nous permettre de bâtir une nouvelle forme de contentieux administratif, mieux adapté aux attentes de notre société que le recours pour excès de pouvoir.

Samedi 20 novembre 1999
Matin

sous la présidence de M.Jean-Claude GIROUSSE,
Premier Président de la Cour d'appel de Lyon

Exécution des contrats et exécution des décisions de justice

par Pascal ANCEL

Professeur à l'Université Jean Monnet (Saint-Etienne)
CERCRID

INTRODUCTION

Lorsqu'Hervé Croze m'a demandé de traiter ce sujet "Exécution des contrats et exécution des décisions de justice", il m'a dit, je le cite, d'une part que c'était un sujet "tordu" et d'autre part qu'il pensait que c'était un sujet pour moi. Je ne sais ce qu'il faut penser de la seconde affirmation - si c'est un compliment ou une rouerie - mais en tout cas j'ai pu juger de la pertinence de la première: le sujet m'est effectivement apparu comme tordu et il m'a donné beaucoup de fil à retordre... Mais je m'étais engagé, il fallait m'exécuter. Ne sachant trop dans quelle direction partir, j'ai eu l'idée de demander autour de moi, à mes différents collègues, tant contractualistes que processualistes, ce que le sujet leur inspirait, mais je dois dire qu'au départ les réponses ont plutôt accru mon embarras, car personne ne voyait exactement la même chose sous l'intitulé de ma communication.

En m'invitant à confronter l'exécution des contrats et l'exécution des décisions de justice, l'organisateur de ce colloque a suscité chez moi un certain embarras, et j'ai mis beaucoup de temps à déterminer dans quelle direction je devais orienter mes recherches[1]. Cet embarras peut surprendre ceux qui suivent les évolutions législatives et jurisprudentielles intervenues depuis quelques années en matière contractuelle. Ces évolutions, en effet, ont contribué à déplacer l'intérêt des civilistes du terrain de la formation à celui de l'exécution du contrat, notamment à travers l'explosion jurisprudentielle de l'article 1134 alinéa 3 qui prescrit d'exécuter les conventions de bonne foi[2]. Et même, plus précisément, diverses études ont été consacrées au

---

[1] A cet égard, je tiens à remercier un certain nombre de collègues ou de membres du CERCRID de l'Université Jean Monnet (Saint-Etienne), qui ont accepté de discuter avec moi du thème de cette communication et qui m'ont ouvert des pistes de réflexion que je n'aurais sans doute pas songé à explorer moi-même. Merci en particulier à Jean-Philippe Chazal (pour le côté "contrats") et à Marie-Claire Rivier (pour l'aspect procédure). Je tiens par ailleurs à rendre un hommage tout particulier à une doctorante stéphanoise, Mme Perret-Richard, qui prépare actuellement sous la direction de Marie-Claire Rivier une thèse sur le dispositif des décisions de justice, et avec qui j'ai eu plusieurs discussions passionnantes et passionnées sans lesquelles le présent texte ne serait pas ce qu'il est.

[2] Dont la manifestation la plus éclatante se trouve dans le revirement de la cour de cassation sur la détermination du prix dans les contrats-cadres: Civ1 29 novembre 1994: Bull I n° 348; JCP 1995, II, 22371, note J. Ghestin; D 1995, 122, note Aynès et surtout Cass Ass plen 1er décembre 1995: D 1996, J, 13, concl Jéol, note Aynès; JCP 1996, II, 22565, note Ghestin; JCP 1996, ed E II, 776, note Leveneur et I 523 n° 7 note Mousseron; Banque janvier 1996, note J.L. Guillot; Petites affiches 27 décembre 1995 p 11, note D. Bureau et N. Molfessis; RJDA 1996/2 chron 3, note M.A Frison-Roche; Droit et patrimoine 1996, 48, obs A. Couret; Dalloz Affaires 1996, chron 3 par Anne Laude; Gaz pal 9 décembre 1995, note P. de Fontbressin; JCP 1996, ed N I 13 obs D. Boulanger; Rev trim dr civ 1996, 153, obs J. Mestre. Sur l'article 1134 alinéa 3 voir en dernier lieu: D. Mazeaud, Loyauté, solidarité, fraternité: la nouvelle devise contractuelle? Melanges en hommage à François Terré, 1999 p 603 s spec n° 9 s

rôle du juge dans le cadre de l'exécution du contrat[1]. J'aurais trouvé, dans cette voie, largement matière à communication. Il m'a semblé, cependant, que ces travaux, si remarquables soient-ils, ne pouvaient pas m'être d'un grand secours pour le traitement du sujet qui m'était confié. Ces études ont essentiellement porté, en effet, sur les pouvoirs du juge saisi d'un litige relatif à l'exécution du contrat, et la préoccupation principale des auteurs est de mesurer l'importance des atteintes à la force obligatoire du contrat résultant de l'intervention judiciaire, à travers une analyse des contenus possibles des décisions judiciaires en matière contractuelle (la révision d'une clause pénale, la modification d'un prix, la substitution d'une clause à une autre, la neutralisation d'une clause résolutoire par le biais de l'article 1134 alinéa 3, le réaménagement de la dette du débiteur en difficulté...). Dans une optique un peu différente, et *a priori* plus proche des préoccupations de ce colloque, on s'est beaucoup intéressé depuis quelque temps aux limites à la force obligatoire résultant de ce que le juge refuse d'ordonner l'exécution forcée, en se fondant sur l'article 1142 Cciv, et se contente de condamner le contractant à des dommages-intérêts: il suffit ici de citer la jurisprudence si contestée sur les promesses unilatérales de vente[2], analysée, non sans raison, comme la reconnaissance, au profit du promettant, d'un véritable droit de révocation unilatérale de son engagement[3] Mais, là encore, il s'agit, dans une optique clairement civiliste, d'analyser le contenu des décisions judiciaires sanctionnant l'inexécution contractuelle. A l'évidence, la problématique de mon intervention devait être substantiellement différente, puisqu'on m'invitait - par un "et" comme toujours très ambivalent - à mettre en rapport avec l'exécution du contrat, non pas le contenu des décisions du juge, mais leur exécution, non pas les pouvoirs dont peut user au fond le juge pour parvenir à

---

[1] Voir notamment les travaux du colloque organisé par l'IDA d'Aix-en-Provence sous la direction de J. Mestre: Le juge et l'exécution du contrat, PUAM 1993

[2] V. notamment Civ3 15 décembre 1993: JCP 1995, II, 22366 note D. Mazeaud

[3] cf P. Brun, Le droit de revenir sur son engagement, in Que reste-t-il de l'intangibilité du contrat? précité Droit et patrimoine mai 1998 p 78 s, spec p 85

l'exécution du contrat, ou pour l'écarter, mais ce qu'il peut advenir de sa décision une fois qu'elle a été rendue.

Mettre en rapport, cela veut dire d'abord analyser les liens entre l'exécution du contrat et l'exécution de la décision, voir comment elles s'enchaînent ou au contraire se séparent. De ce point de vue, une observation triviale fait apparaître que ces deux types d'exécution peuvent être complètement dissociés: soit que le contrat puisse être exécuté (volontairement ou parce qu'il est constaté dans un titre notarié exécutoire) sans qu'il soit nécessaire de recourir au juge pour y contraindre une partie, soit que la décision qu'on exécute n'ait rien à voir avec l'exécution d'un contrat préexistant. Cependant on sait bien aussi que le contrat et la décision peuvent s'enchaîner, l'exécution de la seconde étant alors le moyen (plus ou moins efficace) de parvenir à l'exécution du premier, parce que le titre exécutoire délivré par le juge permettra au créancier d'obtenir son paiement ou parce que l'astreinte prononcée amènera le débiteur récalcitrant à résipiscence: de l'efficacité des mesures d'exécution de la décision va alors dépendre l'effectivité de la force obligatoire du contrat. Mais mettre en rapport, c'est aussi, dans l'un et l'autre cas, qu'il y ait enchaînement ou dissociation, comparer les deux concepts: exécuter un contrat (lorsque cela se fait sans le secours du juge), est-ce exactement la même chose qu'exécuter une décision? et, inversement, lorsqu'on exécute la décision qui condamne à l'exécution du contrat, est-ce exactement la même chose que si on exécutait le contrat lui-même?

Encore faut-il préciser les termes de la comparaison. Ce n'est pas chose si facile. La question de l'exécution des décisions de justice est sans doute bien connue des processualistes (même si Philippe Théry nous a montré que la notion était plus complexe qu'il n'y paraissait[1]). En revanche, le mécanisme de l'exécution du contrat est, en lui-même, peu exploré par les civilistes. D'une part, les ouvrages de droit civil ne traitent complètement que de l'exécution volontaire (le paiement) et, pour l'exécution forcée, renvoient assez vite aux ouvrages de procédures d'exécution: c'est assez logique si on considère que les procédures d'exécution forcée sont très largement identiques qu'elles

---

[1] P. Théry, rapport introductif, La notion d'exécution

soient poursuivies sur le fondement d'un jugement, ou d'un titre notarié exécutoire, et dans la rubrique du Répertoire de procédure civile intitulée de manière significative "Exécution des jugements et des actes", MM Wiederkehr et D'Ambra observent très justement que les règles du Nouveau code de procédure civile consacrées à l'exécution du jugement sont pour une grande part applicables également aux autres actes exécutoires, et donc aux contrats lorsqu'ils sont constatés dans un titre notarié[1] D'autre part et surtout, dans la faible mesure où ils s'intéressent à l'exécution, les civilistes ne rattachent pas en général la question à la matière du contrat: dans l'immense majorité des ouvrages, seule la question de l'inexécution du contrat et de ses sanctions est traitée dans le cadre de la "théorie générale du contrat", celle de l'exécution est abordée comme un élément du régime général de l'obligation, commun à l'ensemble des obligations quelle qu'en soit la source[2].. L'exécution est en effet présentée comme un prolongement nécessaire du rapport d'obligation, et ce lien apparaît particulièrement nettement dans la présentation dualiste de l'obligation héritée du droit romain et reprise par la théorie pandectiste allemande: *debitum/obligatio*, *Schuld/Haftung*. Dans cette optique, ce qui est étudié par les civilistes, en tant que mécanisme, c'est l'exécution de l'obligation, non celle du contrat. Cette approche ne me semble pas contestable. Si on définit, avec Littré, l'exécution comme "le fait d'accomplir ce qu'un acte ou un jugement prescrivent", on doit admettre que, ce qu'on exécute, ce n'est pas le contrat lui-même en tant que rapport obligatoire, mais les obligations qui en naissent. Cette idée permet d'emblée de sortir du sujet certains effets du contrat qui ne se ramènent pas à la notion d'obligation et qui, en conséquence, ne sont pas susceptibles d'être véritablement exécutés

---

1 Rep Procédure civile Dalloz, Exécution des jugement et des actes, n° 1

2 Dans les différents traités et manuels de droit civil actuellement en usage, seules les Leçons de droit civil de H.L. et J. Mazeaud (9e ed 1998 par F. Chabas) et l'ouvrage de Flour et Aubert (t 3, Le rapport d'obligation 1e ed, 1999 avec Y. Flour et E. Savaux) traitent ensemble de l'exécution forcée et des autres sanctions de l'inexécution (responsabilité contractuelle, résolution), mais en rattachant l'ensemble de ces questions au régime général de l'obligation

(ni d'ailleurs inexécutés)[1]. En dehors de la création d'une obligation, un contrat peut produire toutes sorte d'effets créateurs, translatifs ou extinctifs de droits. Ces effets se produisent de plein droit sans qu'aucun des contractants n'ait rien à faire (ou sans qu'aucune abstention ne soit requise de lui). Si un litige naît au sujet d'un de ces effets "non obligationnels", le rôle du juge sera, fondamentalement, d'"appliquer" le contrat, de dire quels effets il produit; il dira par exemple qu'il n'est pas compétent parce qu'il y a dans le contrat une clause attributive de compétence, ou que le créancier a perdu son droit parce qu'il a fait une remise de dette, il ne condamnera pas le contractant à "exécuter" la clause attributive de compétence, ou la remise de dette[2].

Il est clair que la notion d'exécution d'un jugement est, elle, beaucoup plus large. Je ne suis, pour ma part, guère convaincu par la notion large d'exécution que postule la cour de cassation lorsqu'elle admet le sursis à l'exécution des décisions de rejet ou de débouté rendues par le juge de l'exécution[3]: il y a là, je crois, une confusion entre l'exécution et l'effet juridique produit par la décision. Néanmoins, on voit bien que, dans les multiples mesures que peut ordonner un juge, toutes ne se ramènent pas à l'accomplissement d'une obligation *stricto sensu*, c'est-à-dire d'un rapport entre un créancier et un débiteur: démolir une construction qui viole le droit de propriété d'autrui, cesser une publication contraire aux bonnes mœurs, cesser de travailler le dimanche.... Simplement, si on veut pouvoir mener une comparaison avec l'exécution des contrats, on est amené à se limiter aux seuls cas où, à l'origine de la décision, un des contractants était tenu envers

---

1 Sur cette distinction de la force obligatoire et des obligations liant les parties V. notre article Force obligatoire et contenu obligationnel du contrat, à paraître Rev trim dr civ 1999 p 771 s - adde sur l'idée des effets du contrat se produisant de plein droit sans exécution: H. Lecuyer, Le contrat, acte de prévision, Melanges en hommage à François Terré, 1999 p 643 s

2 cf P. Ancel, art précité n° spec n° 32 s

3 Civ2 18 décembre 1996: Bull II n° 305, Rev trim dr civ 1997, 749 obs Perrot; Civ2 25 mars 1999: Bull II n°59; Rev trim dr civ 1999, 470 obs Perrot- adde Com 20 octobre 1998: Bull IV n° 253 admettant le sursis à exécution contre une décision refusant l'octroi d'un délai de grâce, mais pour des raisons tirées du droit communautaire

l'autre d'une obligation, où le demandeur est un créancier qui obtient la condamnation du défendeur en tant que débiteur.

Faut-il, dès lors, transformer le sujet et mettre en rapport avec l'exécution des décisions de justice, non pas l'exécution des contrats, mais l'exécution des obligations en général? Je ne le crois pas: même si, de mon point de vue, l'exécution du contrat se ramène bien à l'exécution des obligations qu'il fait naître, il n'en résulte pas que la source contractuelle n'ait aucune incidence sur les questions d'exécution. D'abord, parce que les obligations contractuelles sont modelées par la volonté des parties, on peut concevoir que celles-ci envisagent par avance le problème de l'exécution, en assortissant les obligations de certains moyens destinés à faire pression sur le débiteur[1]. Ensuite et surtout, le contrat, en tant que source d'obligations, présente cette particularité intéressante pour notre propos, de pouvoir être constaté dans un titre revêtu de la formule exécutoire, et permettant d'assurer l'exécution sans obtention préalable d'une décision de justice. Et lorsqu'on met sur le même plan, comme le font certains auteurs, l'exécution des jugements et des actes, c'est principalement à cet aspect des choses qu'on s'intéresse[2].

Dès lors s'intéresser à l'exécution des contrats, et non des obligations en général, apporte au sujet une dimension supplémentaire. La comparaison entre la décision et le contrat, du point de vue de leur exécution, ne doit pas seulement être menée sur le terrain du fond du droit, en considérant le jugement et le contrat en tant qu'actes juridiques, comme des *negotia* faisant naître des obligations ou condamnant le débiteur à faire ou à payer quelque chose. La décision de justice et le contrat doivent également être comparés sur le plan formel, en tant qu'actes instrumentaires, en tant que titres permettant de requérir la force publique pour assurer cette exécution. La distinction n'est pas toujours aisée parce que, ce sont les mêmes mots - le contrat, le jugement, l'acte (tantôt juridique, tantôt instrumentaire) qui sont utilisés pour désigner les deux aspects, et, dans les écrits doctrinaux, on observe fréquemment un certain glissement de l'un à

[1] V infra à propos de l'astreinte conventionnelle
[2] Wiederkehr et D'Ambra, op cit

l'autre sens[1]; comme l'a relevé un éminent auteur, il y a, en la matière une certaine "pauvreté de notre langage juridique qui aboutit à un amalgame entre des notions qui pour être voisines, n'en sont pas moins distinctes: *negotium* et *instrumentum*, chose jugée et force exécutoire"[2]

La distinction n'en est pas moins essentielle, et la problématique de l'exécution apparaît sous deux angles complètement différents selon qu'on s'intéresse à l'un ou l'autre aspect.. Lorsqu'on s'intéresse à l'exécution du contrat et du jugement comme actes juridiques générateurs d'obligations, comme actes exécutables, l'interrogation porte sur ce qu'il s'agit d'exécuter, il s'agit de savoir si l'objet de l'exécution est le même lorsque celle-ci est demandée sur le fondement d'un contrat ou à la suite d'une décision de justice, et cette question se pose de la même manière que l'exécution soit obtenue volontairement ou poursuivie par des procédures de contrainte (1ère partie). En revanche, lorsqu'on envisage le jugement et le contrat comme actes instrumentaires, comme titres exécutoires, il s'agit de se pencher sur l'efficacité, cette fois dans le seul cadre de l'exécution forcée, de l'instrument de l'exécution (2ème partie).

1ERE PARTIE - L'OBJET DE L'EXECUTION: LE JUGEMENT ET LE CONTRAT COMME ACTES EXECUTABLES

Pour essayer de savoir si l'objet de l'exécution est exactement le même dans la décision de justice et dans le contrat, il paraît pertinent de se placer dans l'hypothèse où le créancier contractuel s'adresse à la justice pour essayer d'obtenir l'exécution du contrat. C'est dans ce contexte qu'on peut le mieux tenter de mesurer l'écart qui existe entre ce que devait faire le débiteur avant la décision et ce qu'il doit faire une fois que le juge l'a condamné. La question renvoie au vieux débat, qui a récemment rebondi, sur les modifications apportées par la décision à l'état du droit antérieur. On sait que, jusqu'au début du

---

1 V. par exemple Viandier, Les modes d'interversion des prescriptions libératoires, JCP 1978, I, 2885 n° 26-27

2 R. Perrot, obs Rev trim dr civ 1995, p 195

siècle, on considérait parfois que la décision de justice avait un effet novatoire sur les rapports de droit préexistants[1]. Cette opinion n'est plus soutenue aujourd'hui, tant il est clair qu'il n'y a pas, techniquement, de novation par l'effet du jugement, et parler de quasi-novation[2] paraît relever du plus pur verbalisme. Mais certains auteurs - au premier rang desquels le regretté doyen Héron - ont cherché à mettre en évidence les effets substantiels de la décision de justice[3]: effets qui sont manifestes lorsque la décision est constitutive, mais qui se révèlent également lorsqu'elle est présentée comme simplement déclarative de l'état du droit antérieur (ce qui est le cas en matière contractuelle). Même si ces effets sont, il faut le reconnaître, assez difficiles à cerner, et s'ils se distinguent assez mal de l'autorité de chose jugée[4], il est certain que les choses, après la décision, ne sont jamais exactement comme elles étaient avant, et c'est précisément à travers la problématique de l'exécution qu'on peut l'apercevoir.

Les différences qui peuvent exister, du point de vue de l'exécution, entre le contrat initial et le jugement considéré dans son contenu sont très variables selon l'objet de la décision du juge. On peut à cet égard établir une gradation tripartite en fonction du degré d'autonomie de la décision par rapport au contrat. On peut ainsi distinguer le cas où le juge intervient simplement pour rendre exécutoire le contrat préexistant, celui où il condamne à l'exécution du contrat que l'une des parties se refuse à exécuter, et enfin celui où il sanctionne l'inexécution autrement que par la condamnation à exécuter. J'écarterai d'abord les deux hypothèses extrêmes, où la réponse au problème posé est bien tranchée (A), pour me concentrer sur la situation

---

[1] En faveur de cette explication ratatchée à l'actio judicati du droit romain: Aubry et Rau 5è ed t 12 p 453 §769; Demolombe, Obligations t 7 n° 384

[2] Guillien p 167

[3] J. Héron, Procédure civile, Montchrestien, 1991 n° 278 p 204; C. Bléry, L'efficacité substantielle des jugements civils, thèse Caen 1994 (sous la direction de J. Héron). L'idée des effets substantiels du jugement avait déjà été développée par J. Foyer dans sa thèse De l'autorité de chose jugée en matière civile, 1954, spec p 140 s

[4] cf X. Lagarde, Réflexion critique sur le droit de la preuve,LGDJ 1994 pref J. Ghestin, n° 236 s

intermédiaire, la plus riche d'enseignements pour mon propos, mais aussi la plus ambiguë (B).

A- SITUATIONS EXTREMES

Voyons d'abord les situations extrêmes : soit la décision colle parfaitement au contrat de telle sorte que l'exécution de l'une ne sera, complètement, que l'exécution de l'autre; soit, à l'inverse, l'obligation à exécuter est substantiellement différente dans le contrat et dans la décision.

a/ Le premier cas est celui où le juge intervient pour revêtir le contrat de la force exécutoire. Dans le but d'encourager le développement de ce qu'il est convenu d'appeler les modes alternatifs de règlement des différends[1], le législateur a, ces dernières années, multiplié les cas où le juge peut, à la demande d'une partie ou des deux, donner force exécutoire à un accord intervenu entre deux parties à un litige, soit que cet accord soit intervenu en sa présence, dans le cadre d'une procédure organisée de médiation ou de conciliation, ou même complètement en dehors de l'institution judiciaire. Sans entrer dans le détail des différentes formules, dont certaines se recoupent, mais dont certaines aussi sont techniquement assez éloignées[2], on signalera que le problème essentiel posé par cette intervention judiciaire est de savoir si le juge a un pouvoir de contrôle sur le contrat à lui soumis, donc s'il rend une véritable décision, et, dans l'affirmative s'il s'agit ou non d'une décision à caractère juridictionnel. Le débat, qui commande le régime des contestations pouvant être formées contre l'acte (voies de recours contre la décision ou action en nullité contre le contrat), a surgi en particulier au sujet du nouvel article 1441-4 introduit dans le Nouveau code de procédure civile par le décret n° 98-1231 du 28 décembre 1998, qui prévoit que "le président du tribunal de grande instance, saisi sur requête par une partie à la transaction, confère force

---

[1] V. sur ce point l'intervention de A. Varinard sur la médiation et la transaction pénale

[2] Pour un recensement V. Dictionnaire permanent: recouvrement de créances et procédures civiles d'excéution, Ed législatives, 1999, V° Titre exécutoire, n° 96 s

exécutoire à l'acte qui lui est présenté". Tandis que certains commentateurs tentent d'assimiler l'acte du juge à l'*exequatur* d'une sentence arbitrale[1], d'autres réduisent le rôle du juge à celui d'un organe d'enregistrement fournissant aux parties un titre exécutoire à moindres frais que le notaire[2]. Mais peu importe à notre propos: même dans les cas où le juge exerce un pouvoir de contrôle, même si on peut considérer son acte comme une vraie décision, il me semble que, sur le terrain de l'exécution, celle-ci (en tant qu'acte juridique du moins) est complètement transparente par rapport au contrat qu'elle rend exécutoire. Même s'il a le choix de l'apposer ou non, la formule exécutoire que le juge plaque sur le contrat n'en modifie absolument pas la structure. Cette formule, il faut le rappeler, est un ordre adressé, non aux parties, mais à la force publique; mais son objet, ce qu'il s'agit de faire exécuter, c'est ici toujours l'engagement contractuel, ce n'est pas une condamnation prononcée par le juge. La décision fournit un titre exécutoire, l'acte exécutable reste toujours le contrat[3].

b/ A l'inverse, le décalage entre la décision et le contrat est complet dans le cas où le juge ne condamne pas à l'exécution, mais sanctionne l'inexécution, soit en prononçant la résolution, soit en condamnant le débiteur à des dommages-intérêts. C'est évident dans le cas de la résolution: exécuter la condamnation à restituer, ce n'est pas exécuter le contrat[4]. Le décalage est peut-être moins net en cas de condamnation à des dommages-intérêts. En effet dans une approche qui tend à redevenir majoritaire dans la doctrine française notamment depuis un article décapant de Philippe Rémy[5], on voit dans la

---

[1] En ce sens C. Jarrosson, Commentaire du nouvel article 1441-4 NCPC, revue générale des procédures 1999 p 135 s

[2] En ce sens l'auteur du V° Titre exécutoire in Dictionnaire permanent, précité n° 111

[3] C'est sans doute dans ce cas qu'on peut parler d'un contrat judiciaire: v. Y. Muller, Le contrat judiciaire, thèse Paris I 1995 spec n° 73

[4] Même si certains traits de l'obligation inexécutée peuvent se reporter sur l'obligation de restituer: ainsi la caution qui garantit l'exécution couvre les conséquences de la résolution.

[5] P. Rémy, La "responsabilité contractuelle": histoire d'un faux concept, Rev trim dr civ 1997, 323 s;V. la réponse de E. Savaux, La fin de la responsabilité contractuelle? cette Rev trim dr civ 1999, 1 s

responsabilité contractuelle, non à titre premier une réparation du préjudice causé par l'inexécution, mais une forme d'exécution par équivalent. Il n'en reste pas moins pas moins qu'en condamnant à des dommages-intérêts, le juge condamne ici à autre chose qu'à la prestation prévue initialement. L'exécution de la décision de justice n'est pas le moyen de parvenir à l'exécution du contrat, c'est un substitut (bien imparfait) de cette exécution.

On peut davantage hésiter dans les cas où le juge fait usage des facultés qui lui sont reconnues par les articles 1143 et 1144 du Code civil, en ordonnant la destruction de ce qui a été fait contrairement à l'engagement, ou en autorisant le créancier à faire exécuter l'obligation par un tiers aux dépens du débiteur. Dans les deux cas, le créancier obtient finalement ce qui lui a été promis, ce qui pourrait faire songer à une exécution directe de l'obligation: la cour de cassation semble de cet avis lorsque, sur le terrain de l'article 1143, elle estime que les juges n'ont pas le pouvoir d'apprécier l'opportunité de la démolition (pouvoir qui devrait leur être reconnu s'il s'agissait d'une simple réparation) et que cette mesure n'est pas subordonnée à la preuve d'un préjudice[1]. Mais d'un autre côté, le débiteur, lui, est condamné à faire tout autre chose que ce qu'il avait promis: démolir là où il s'était engagé à ne pas construire, payer les frais de l'exécution là où il s'était engagé à effectuer lui-même la prestation. On est donc à la limite entre la sanction de l'inexécution et la condamnation à l'exécution, sur laquelle je voudrais maintenant focaliser les développements.

B- SITUATION INTERMEDIAIRE

Cette troisième situation, intermédiaire entre les deux précédentes, est la plus intéressante pour notre propos. Il peut s'agir aussi bien d'une condamnation à payer une somme d'argent, susceptible d'exécution forcée directe, ou d'une condamnation sous astreinte à faire ou à ne pas faire quelque chose. Dans les deux cas, les liens de l'exécution d'une telle décision avec celle du contrat apparaissent chargés d'ambiguïté. C'est ici que s'illustre le mieux le fait, mis hier en lumière

---

[1] V. par exemple Civ3 22 mai 1997: Bull III n° 113, D 1998, somm 61 obs Robert; Civ3 13 novembre 1997: Bull III n° 202

par Philippe Théry, que l'exécution est à la frontière entre le droit substantiel et la procédure.

a/ D'une part, à l'évidence, l'exécution de la décision a pour finalité et aura, si elle est obtenue, pour résultat, d'exécuter le contrat préexistant. Même si l'intervention du juge ajoute la perfection au rapport antérieur, en rendant l'obligation certaine, liquide, parfois exigible, et permet ainsi l'exécution forcée qui n'était pas possible auparavant, c'est toujours la même obligation qui sert de base à l'exécution. Et c'est seulement par l'exécution de la décision, qu'elle soit volontaire ou forcée, que s'éteindra l'obligation préexistante. La condamnation à l'exécution, en elle-même, n'entraîne évidemment aucune novation: les garanties qui assortissaient la dette initiale sont bien entendu maintenues. Et, parce que la décision est censée être purement déclarative, révéler au droit et au monde une vérité cachée, les intérêts vont courir à la charge de la personne condamnée, non à compter de sa décision, mais à compter de la mise en demeure (c'est à dire au plus tard à compter du début du procès). Et, curieusement, cela est vrai même si le juge est autorisé à modifier le contrat, et même s'il use de son pouvoir: si le juge condamne au paiement d'une clause pénale contenue dans le contrat, mais après l'avoir révisée, cette révision, selon la cour de cassation, ne fait pas perdre à la clause son caractère d'indemnité forfaitaire conventionnellement stipulée; les intérêts courent donc, sur la somme révisée, à compter de la demande et non du jugement[1]. Comment mieux marquer que, au delà de la décision, c'est toujours le contrat qu'on doit exécuter!

b/ Mais d'autre part, il se produit, par l'effet de la décision, une subtile transformation[2] quant à l'objet même de l'exécution. Le juge, ici, ne se contente pas d'apposer une formule exécutoire sur un contrat préexistant, il prononce une condamnation sur le fondement de l'engagement contractuel, et c'est cette condamnation, non directement l'engagement, qui est assorti de la force exécutoire. La partie condamnée n'est plus ici seulement tenue d'exécuter l'obligation dont

---

[1] V. par exemple Civ 12 novembre 1987: Bull 1987, I, n° 289; Com 27 mars 1990: Bull IV n° 90

[2] Comp H. Croze, Recherche sur la qualification en droit processuel français, thèse Lyon 3 1981 p 52 qui parle de la "mutation" qu'engendre le jugement

elle était débitrice, elle est tenue de déférer à l'ordre que le juge lui intime. L'exécution ne va plus être, au premier chef, la soumission d'un débiteur à un créancier, elle va être l'obéissance à un commandement émanant du juge. Et il existe, en droit positif, certains éléments qui montrent, non pas certes l'autonomie, mais la distance, le décalage, qui peut exister entre l'ordre donné dans le dispositif et l'engagement qui le fonde. J'en relève au moins trois.

1°/ Le premier est l'astreinte. Bien que souvent présentée comme une limite à l'article 1142 du Code civil qui interdit l'exécution forcée directe des obligations de faire ou de ne pas faire, l'astreinte est, il faut le rappeler ici, non un moyen d'assurer l'exécution des obligations, mais, selon la lettre même de la loi, une mesure que le juge peut ordonner "pour assurer l'exécution de sa décision"[1]. Si, pendant longtemps, l'astreinte se distinguait malaisément des dommages-intérêts, elle a, en 1972, comme le note Philippe Théry "basculé dans le champ procédural"; elle est devenue "une peine privée permettant d'assurer l'exécution d'une décision de justice, comparable en un sens au "contempt of court" "[2]. La partie condamnée est ici sanctionnée pour ne pas s'être soumise à l'ordre du juge, non pour ne pas avoir tenu son engagement initial. Les règles de compétence posées par la loi de 1991 s'inscrivent clairement dans cette logique: désormais, l'astreinte ne peut plus être ordonnée que par le juge qui prononce la condamnation ou, à défaut, par le seul juge de l'exécution. La même idée explique aussi qu' on ne peut pas concevoir d'astreinte trouvant sa source ailleurs que dans une décision de justice. Sans doute, dans leur contrat, les parties peuvent stipuler qu'à défaut d'exécution de telle ou telle obligation, le débiteur devra payer tant par jour, semaine ou mois de retard, et peut-être même préciser que les sommes dues au titre de cette clause se cumuleront avec les dommages-intérêts. Une telle stipulation, qui veut en quelque sorte "singer" l'astreinte et qui en prend parfois le nom dans la pratique contractuelle, est, en général, parfaitement valable; mais elle ne saurait recevoir la qualification

[1] L 9 juillet 1991 art 33

[2] P. Théry, *Judex gladii, in* Nouveaux juges, nouveaux pouvoirs, Mélanges en l'honneur de Roger Perrot, 1997, p 477 s spec n 17

d'astreinte au sens strict[1]. On est ici en présence d'une simple modalité de l'obligation convenue, non d'une mesure visant à l'exécution de la décision. C'est ce qu'a posé clairement la cour de cassation dans un arrêt de 1977 dont la solution a été reprise dans plusieurs décisions ultérieures: une telle convention "qui ne peut ordonner une astreinte, mesure réservée aux tribunaux pour assurer l'exécution de leurs décisions", constitue une simple clause pénale que le juge peut toujours réviser[2].. Enfin et surtout, le lien de l'astreinte avec l'exécution de la décision apparaît dans l'article 51 du décret du 31 juillet 1972, qui prévoit que l'astreinte ne court qu'à compter du jour où l'astreinte est devenue exécutoire. Et, rompant avec une jurisprudence centenaire, la cour de cassation est allée jusqu'au bout de cette logique en jugeant en 1997 qu'il en allait ainsi même si l'astreinte avait été ordonnée par un jugement confirmé en appel[3]. La solution est précisément rattachée à l'idée que l'astreinte est indépendante des dommages-intérêts, donc qu'elle n'est pas une modalité de l'obligation, mais qu'elle est liée à l'exécution de la décision.

Cette jurisprudence, cependant, est marquée par une certaine ambiguïté: on peut avoir l'impression que la cour de cassation lie l'astreinte à la délivrance du titre exécutoire, et non à la décision elle-

---

[1] Dans ce sens: D. Mazeaud, La notion de clause pénale, LGDJ 1992 pref F. Chabas n°...; Contra J.M. Mousseron, Technique contractuelle, Francis Lefebvre, 2e ed 1999, n 1309 s spec n° 1316

[2] Civ1 9 mars 1977: Bull I n° 126 - et depuis jurisprudence constante: V. par exemple Civ3 8 janvier 1985, pourvoi n° 83-11.979; Civ3 14 novembre 1996, Bull III n 214 s (ce derniezr arrêt est cependant assez ambigu car il concerne une clause d'astreinte prévue dans une transaction homologuée; les juges du fond avaient refusé de réviser cette clause, et le pourvoi leur reprochait d'avoir violé l'article 1152, la clause devant s'analyser en une clause pénale; la cour de cassation sauve l'arrêt d'appel en s'appuyant sur le pouvoir dsiscrétionnaire des juges pour refuser de modérer l'astreinte; cependant l'arrêt semble condamner le raisonnement suivi en ce qu'il avait refusé de traiter l'astreinte conventionnelle comme une clause pénale)

[3] Civ2 11 juin 1997: Bull II n°..., Rev trim dr civ 1997 p 743 obs Perrot qui qualifie l'arrêt de "divine surprise". Sur la solution antérieure voir Perrot obs Rev trim dr civ 1997 p 509

même. Il faudrait alors en déduire, comme l'a soutenu Philippe Théry, qu'un arbitre, non doté de l'*imperium* et inapte à délivrer un titre exécutoire, ne pourrait pas condamner au paiement d'une astreinte[1]:. Je ne suis pas sûr qu'on puisse aller jusque là: même s'il est certain que l'astreinte ne peut pas courir avant que la décision ne soit devenue exécutoire (parce qu'on ne peut pas sanctionner le débiteur pour n'avoir pas exécuté une décision non exécutoire), ce qui est sanctionné par l'astreinte, ce n'est pas la désobéissance à l'ordre résultant de la formule exécutoire et adressé aux agents de la force publique (que seul le juge étatique peut donner), c'est le fait pour le débiteur de ne pas obtempérer à la condamnation dont il est le premier destinataire, et qui, elle, peut émaner aussi bien de l'arbitre que du juge étatique[2]

2°/ Le même décalage entre l'obligation et la condamnation à l'exécuter s'observe pour ce mécanisme en quelque sorte inverse de l'astreinte qu'est le délai de grâce. Inverse parce que, au lieu de chercher une exécution rapide de la décision, il va la retarder. Obnubilée par le souci de pointer (et de déplorer) les atteintes à la force obligatoire du contrat, la présentation civiliste traditionnelle oublie trop souvent que, dans son principe originaire du moins, le délai de grâce n'est aucunement une modification de l'exigibilité de l'obligation initiale, mais que c'est simplement une suspension de l'exécution forcée. Et, dans le cas normal où l'exécution forcée est poursuivie sur le fondement d'un jugement, ce n'est qu'un moyen de

---

1 Article précité aux Mélanges Perrot, n 13 s. La question est très discutée en doctrine: en faveur du pouvoir du juge de prononcer une astreinte V Jarrosson, Réflexions sur l'imperium, Mel Bellet p 244 s spec n° 65 s (l'auteur rattache l'astreinte à *l'imperium mixtum* entrant selon lui dans le champ des pouvoirs de l'arbitre.

2 L'arbitre peut bien ordonner l'exécution provisoire: pourquoi ne pourrait-il pas condamner à une astreinte? Le refus de l'astreinte ne pourrait se justifier que par des considérations de politique juridique: on peut en effet estimer que la désobéissance à l'arbitre est moins grave que la désobéissance au juge étatique parce qu'elle ne porte pas atteinte à l'autorité judiciaire (cf P. Théry, art précité n° 17).

différer l'exécution de la décision de justice[1]. Cette analyse peut s'appuyer sur les termes exprès de l'article 510 NCPC et elle justifie pleinement la compétence qui a été reconnue en 1991 au juge de l'exécution pour accorder les délais. Elle permet seule de comprendre les effets très limités que produit le délai sur le rapport de droit initial: : ainsi que le délai ne profite pas aux cautions et qu'il ne fasse pas obstacle à la compensation. Jusqu'à la réforme de 1991, on pouvait même aller jusqu'à dire que, lorsque le débiteur condamné profitait du délai de grâce, il respectait la décision du juge, mais il était toujours en contravention avec le contrat. Ce n'est plus vrai depuis 1991 dans la mesure où le nouvel article 1244-2 Cciv prévoit que pendant le délai, les majorations d'intérêts et pénalités encourues à raison du retard cessent d'être dues. C'est que le délai de grâce de l'article 1244 a été en quelque sorte "contaminé" par les multiples délais spécifiques qui se sont multipliés dans le droit contemporain et qui, eux, produisent un effet substantiel, peuvent s'analyser en une vraie modification de l'obligation initiale et du contrat - on songe par exemple aux délais octroyés dans le cadre des procédures de traitement du surendettement[2]. Ces figures cependant ne doivent pas faire oublier le mécanisme du délai de grâce de droit commun, qui illustre bien le décalage entre l'exécution du contrat et l'exécution du jugement.

3°/ Enfin, on peut verser au même dossier le mécanisme de l'interversion de prescription résultant du jugement. On sait que la cour de cassation admet que le jugement de condamnation fait courir une nouvelle prescription, qui est toujours la prescription de droit commun, même si l'obligation initiale était, elle, soumise à une prescription plus courte[3]. C'était principalement pour expliquer ce mécanisme qu'on avait naguère imaginé l'idée, manifestement erronée,

[1] En ce sens P. Soustelle, Les délais judiciaires différant l'exécution de l'obligation, thèse Saint-Etienne 1996

[2] P. Soustelle, thèse précitée, 2ème partie

[3] Civ 23 juillet 1934: Gaz Pal 1934, 2, 253 à propos de la courte prescription de l'action en diffamation; Civ1 16 juillet 1999, Bull I n° ; Rep Defrenois 1999, p 299 obs crit J. Massip à propos de prescription quinquennale de la pension alimentaire

de l'effet novatoire du jugement[1]. La doctrine contemporaine ne donne généralement du mécanisme que des explications assez confuses, qui mêlent l'autorité de chose jugée et la force exécutoire du jugement[2]Ne peut-on là encore voir dans l'interversion une manifestation de cette transformation de l'objet même de l'exécution, de ce passage de l'accomplissement d'une obligation envers son créancier à l'obéissance à l'ordre du juge?

Dans les arrêts de la Cour de cassation, la solution est plutôt rattachée à l'idée que le créancier qui a obtenu un jugement poursuit désormais l'exécution, non plus de la créance initiale, mais d'un titre. Et cette idée transparaît encore aujourd'hui dans les écrits de certains auteurs[3]. Cette explication ne nous paraît guère satisfaisante: d'une part cet effet ne résulte pas de tous les titres exécutoires mais du seul jugement, d'autre part il s'attache aux jugements même s'ils ne sont pas immédiatement exécutoires, enfin il s'appliquerait de la même façon si, au départ, le créancier avait été titulaire d'un titre notarié. En réalité, comme en matière d'astreinte, l'effet produit est lié à l'ordre que le juge donne au débiteur, et non au fait que cet ordre soit ou non revêtu de la formule exécutoire.

Ces débats illustrent cependant la facilité qu'on peut avoir, en la matière, de glisser plus ou moins consciemment des effets du jugement et du contrat comme actes juridiques déterminant ce qu'il faut exécuter, au jugement et au contrat considérés comme des actes instrumentaires, comme des titres permettant l'exécution. C'est ce second aspect qu'il faut maintenant aborder.

---

[1] Pour la critique de cette idée V. G. Holleaux, De l'évolution des règles relatives aux courtes prescriptions fondées sur la présomption de paiement, thèse Limoges 1927 spec p 238

[2] V. Meurisse La prescription d'une condamnation résultant du jugement, JCP 1961 I, 1665; Viandier, art précité n° 26 et 27

[3] Viandier art précité n° 26; Perrot, obs Rev trim dr civ 1998 p 751

II- L'INSTRUMENT DE L'EXECUTION: LE JUGEMENT ET LE CONTRAT COMME TITRES EXECUTOIRES

Le créancier contractuel peut poursuivre directement l'exécution de sa créance, sans obtenir préalablement une décision de justice, lorsque le contrat a été passé par acte authentique devant notaire. L'article 3 de la loi de 1991 range en effet les actes notariés parmi les titres exécutoires: ce n'est là que la reprise d'une solution traditionnelle que la loi du 25 ventôse an XI rattachait à l'idée que le notaire était "une espèce de juge volontaire". L'observation de l'exécution poursuivie sur le fondement d'un tel acte est donc un champ privilégié de la comparaison qu'on essaie ici de mener entre l'exécution du contrat et l'exécution d'une décision de justice.

De prime abord, cette comparaison paraît tourner à l'avantage du titre notarié, et la profession notariale ne manque jamais une occasion, lorsqu'elle cherche à mettre en évidence les vertus de l'authenticité d'insister sur la grande sécurité que l'acte authentique procure au créancier sur le terrain de l'exécution: établi dès la naissance de la créance, avant tout incident d'exécution donc en dehors de tout contexte conflictuel, l'acte notarié bénéficierait selon l'expression d'un auteur d'un "consensus exécutoire"[1], permettant au créancier de recourir immédiatement aux voies d'exécution et de mettre en oeuvre des mesures conservatoires sans être exposé aux longueurs d'un procès, il donnerait à son titulaire une "quasi-sûreté"[2].

Le tableau est sans doute un peu trop idyllique, et, s'il ne faut pas méconnaître l'avantage chronologique que procure l'acte notarié aux créanciers qui en disposent, on peut aussi observer qu'il constitue un fondement beaucoup plus fragile aux opérations d'exécution qu'une décision de justice. Le titre exécutoire, a écrit récemment M. Perrot, constitue "un titre formel et abstrait... tirant toute son autorité de lui-même"[3] Même si elle est excessive, la formule contient une certaine

---

[1] J.J. Bourdillat, Le titre exécutoire notarié: le consensus exécutoire, Rev huissiers 1998 p 679

[2] J.P. Sénéchal, L'acte notarié: une quasi-sûreté, Rep Défrenois 1993, 1ère partie n° 35560 p 1313

[3] R. Perrot obs sur Civ2 19 mai 1998, Rev trim dr civ 1998, p 751

part de vérité pour le jugement; elle m'apparaît beaucoup plus contestable pour le titre notarié. Alors que la force exécutoire du titre délivré par le juge est, dans une large mesure, déconnectée des contestations qui peuvent naître au sujet du jugement, la force du titre notarié en tant qu'*instrumentum*, est indissociable de l'acte juridique, du *negotium* qu'il constate. Du reste, M. Perrot note lui-même, à propos du titre notarié, qu'il ne s'agit pas d'un titre exécutoire comme les autres, parce que, dans ce cas, "le vernis exécutoire dissimule tout bonnement un contrat"[1]. La différence de force entre les deux titres apparaît d'abord si on considère les contestations qui peuvent naître, au stade de l'exécution, quant à la validité de l'acte qui sert de support au titre exécutoire (A). Elle apparaît plus nettement encore si on considère les débats qui peuvent naître sur le contenu de l'acte donnant lieu à exécution (B).

A- FORCE DU TITRE ET VALIDITE DE L'ACTE

Ecoutons là encore M. Perrot: "L'acte notarié ne puise pas seulement son autorité dans la présence du notaire qui en garantit l'authenticité: il tire toute sa force d'un *negotium* qui résulte de la volonté exclusive des parties. A la différence du juge qui ordonne et dont la décision ne se discute pas, le notaire ne fait qu'authentifier des engagements dont il n'a pas la maîtrise"[2] Il en résulte qu'il est possible de remettre en cause la force exécutoire d'un titre notarié, non seulement en en contestant l'authenticité par une procédure d'inscription de faux, mais encore, et de manière beaucoup plus pratique, en contestant la validité de l'acte juridique qu'il constate. Cette validité peut bien sûr être discutée par avance, dans le cadre d'un contentieux sur le fond, mais elle peut aussi être contestée à l'occasion d'une procédure d'exécution, et bloquer le déroulement de celle-ci. On peut bien sûr également contester la validité ou le bien-fondé d'une décision de justice, mais ces contestations n'interféreront jamais avec le déroulement d'une procédure d'exécution fondée sur le titre judiciaire. De deux choses l'une en effet: ou la décision est frappée d'une voie de recours suspensive, et l'exécution ne pourra pas en être poursuivie; ou la

[1] R. Perrot obs sur Cass avis 16 juin 1995: Rev trim dr civ 1995 p 692
[2] R. Perrot obs précitées Rev trim dr civ 1995 p 693-694

décision est exécutoire immédiatement - ce qui tend à devenir de plus en plus fréquent - et aucune discussion portant sur sa validité ou son bien-fondé ne pourra en empêcher l'exécution.

Cette fragilité du titre notarié face aux contestations portant sur la validité du contrat est d'autant plus sensible que ces contestations, même si elles surviennent à l'occasion d'une procédure d'exécution, ne pourront pas être tranchées par le juge de l'exécution, mais devront être renvoyées au juge du fond. Interprétant restrictivement l'article L 311-12-1 du code de l'organisation judiciaire, la cour de cassation a estimé dans un avis de 1995 que - d'une part, le juge de l'exécution n'était jamais compétent à titre principal pour connaître des difficultés relatives au titre exécutoire, il ne peut être saisi qu'à l'occasion des contestations relatives à l'exécution forcée engagées sur le fondement de ce titre. - d'autre part (et c'est surtout ce point qui nous intéresse), même dans ce contexte procédural, "il n'a pas compétence pour connaître de demandes tendant à remettre en cause le titre dans son principe, ou la validité des droits et obligations qu'il constate"[1]. Sans doute inspiré par la crainte que les juges de l'exécution ne soient submergés et n'absorbent la plus grande partie du contentieux contractuel, cet avis a suscité des réactions plutôt mitigées en doctrine, certains auteurs craignant que la limite importante apportée à la compétence du juge de l'exécution n'engendre "des questions préjudicielles à la chaîne" et n'affaiblisse considérablement la portée des actes notariés[2]. L'évolution postérieure a fait cependant apparaître que cet avis doit être entendu d'une manière restrictive, et que sa portée ne s'étend pas aux contestations qui peuvent surgir quant à l'étendue des droits du créancier, c'est à dire quant au contenu de l'acte.

---

[1] Cass avis 16 juin 1995: Bull, avis n° 9

[2] R. Perrot obs précitées Rev trim dr civ 1995 p 693-694; plus nuancé: J. Normand, La compétence du juge de l'exécution, Questions d'actualité, Rev huissiers 1996 p 2 s

B- FORCE DU TITRE ET CONTENU DE L'ACTE

C'est un second terrain sur lequel on voit que la force exécutoire du titre notarié est plus fragile que celle du titre judiciaire. Dans les deux cas, sans doute, l'étendue de la force exécutoire du titre se renferme en ce qu'il dit: le contenu de l'acte exécutable est fixé par le contenu du titre exécutoire. C'est en ce sens qu'on a pu parler du caractère "formel et abstrait du titre". On le voit bien à travers la jurisprudence relative à la personnalisation du titre: le titre exécutoire délivré par le notaire ou par le juge à l'encontre d'un débiteur déterminé ne peut servir de fondement qu'aux poursuites contre ce débiteur, et non contre les tiers qui peuvent être par ailleurs tenus au paiement de la dette (associés d'une société en nom collectif, caution, codébiteur solidaire, époux commun en biens...). Posée en 1998 par la cour de cassation à propos d'un jugement, mais en des termes tout à fait généraux[1], la solution vaut tout aussi bien pour les titres exécutoires notariés et c'est d'ailleurs pour ceux-ci qu'elle avait été d'abord posée par les juridictions du fond[2]. On peut également évoquer la jurisprudence de la cour de cassation relative à la condamnation aux intérêts légaux: dans un arrêt du 10 mars 1998, la première chambre civile a estimé que, pour pouvoir être recouvrés par exécution forcée, les dommages-intérêts prévus à l'article 1153 du code civil doivent faire l'objet d'une disposition spéciale du titre en vertu duquel est exercée la poursuite"[3]. Et, de même, on ne conçoit pas qu'on puisse poursuivre le paiement d'intérêts contractuels qui ne sont pas prévus par l'acte notarié qui sert de support aux poursuites.

Cependant, cette abstraction ne peut pas avoir le même sens pour le titre-jugement et pour le titre-contrat, précisément parce que, comme on a essayé de le montrer précédemment, ce qu'il s'agit d'exécuter,

---

[1] Civ2 19 mai 1998, Bull II n° 161, D1998, 405, concl av gen Tatu, Rev trim dr civ 1998, 751, obs Perrot

[2] voir les décisions étudiées par R. Perrot in Rev trim dr civ 1995 p 194

[3] Bull I n° 100.; Rev trim dr civ 1999 obs Perrot. Mais la cour de casastion a jugé depuis que le créancier peut se contenter de demander au juge de l'exécution de préciser à cet égard le dispositif du jugement, cette précision n'apparaissant pas comme une modification du dispositif: Civ2 17 juin 1999: Juris-data 002471, Rev trim dr civ 1999, 706 obs Perrot.

dans l'un et l'autre cas, n'est pas exactement la même chose: entre l'obligation qui naît du contrat et la condamnation prononcée par le juge il y a une différence de structure qui va rejaillir sur la force du titre qui les constate. En général, le dispositif du jugement présente un caractère concret et immédiatement applicable, en ce qu'il condamne une personne à faire quelque chose de précis ou à payer une somme déterminée immédiatement ou à un terme fixé: sur la base d'un tel acte, l'exécution pourra être poursuivie sans difficultés particulières ni contestations relatives à l'objet de l'exécution. Il faut sans doute mettre à part certains jugements qui condamnent à des paiements de dettes à échéances successives (loyers ou pensions alimentaires) et plus encore les jugements qui établissent des plans de règlement d'une situation financière (et dont la structure, précisément, se rapproche de celle d'un contrat). A l'inverse, certains contrats font naître une obligation d'un montant calculé dans l'acte et exécutable en une seule fois, aussi précise qu'une condamnation judiciaire. Mais ce n'est pas la situation la plus fréquente: dans l'immense majorité des cas, le contrat va générer des droits et des obligations dont l'exécution sera échelonnée dans le temps, dont le montant n'apparaîtra pas directement à la lecture de l'acte mais ne pourra être déterminé que par l'application et la combinaison de différentes clauses. Le contrat apparaît ainsi comme une source de droit(s) intermédiaire entre la règle légale et la décision de justice: s'il n'a pas la généralité de la règle légale puisqu'il ne touche que la situation particulière des contractants, il n'en crée pas moins, dans une certaine mesure, une norme abstraite destinée à régir un certain nombre de situations et de comportements sur une période de temps plus ou moins longue, alors que le jugement est l'application précise à une situation déterminée de normes préexistantes. Ajoutons que, sauf dans des cas exceptionnels, l'exécution du contrat ne sera pas demandée immédiatement après sa conclusion, mais après un certain temps d'exécution ou d'inexécution: le créancier aura alors entre les mains un acte qui établira ses droits initiaux, mais qui ne permettra pas à lui seul de savoir combien exactement, en capital, intérêts et indemnités éventuelles, doit le débiteur au moment de la procédure d'exécution. Il y a là autant de sources de contestations qui peuvent retarder l'accomplissement des actes d'exécution, et, dans le meilleur des cas, l'acte notarié ne confère alors à son titulaire qu'une sorte de "privilège du préalable" privé.

Ce privilège est certes renforcé par la jurisprudence récente qui reconnaît compétence au juge de l'exécution pour connaître de ces différentes contestations relatives au contenu du contrat. Sans remettre en cause l'avis de 1995 précédemment évoqué, un avis de 1997 postule qu'il faut lui donner une interprétation restrictive: ce qui est soustrait à la compétence du juge de l'exécution, ce sont seulement les contestations relatives à la validité, soit de l'*instrumentum* (défaut d'authenticité, inscription de faux), soit du *negotium*. ou de ses clauses. En revanche, le juge de l'exécution peut trancher toutes les autres contestations de fond relatives au contrat, celles relatives à l'exécution, à l'interprétation du contrat, aux sanctions de son inexécution, au montant des sommes dues[1]. Cette position a été confirmée par un arrêt de la deuxième chambre civile du 26 novembre 1997 admettant que le juge est compétent pour constater l'acquisition d'une clause résolutoire.

Cette jurisprudence renforce singulièrement l'efficacité de l'acte notarié comme titre exécutoire, en ce qu'elle permet de trancher rapidement les contestations les plus fréquentes en matière contractuelle. Elle ne remédie pas complètement, cependant, à l'infériorité congénitale de l'acte notarié. Il faut en effet rappeler que, pour pouvoir mettre en oeuvre les procédures d'exécution, il ne suffit pas d'avoir un titre exécutoire, il faut encore que ce titre constate une créance liquide et exigible. Ces conditions seront par principe remplies lorsque le titre exécutoire sera un jugement. En revanche les conditions d'exigibilité et, surtout, de liquidité, seront beaucoup plus difficiles à apprécier lorsque l'exécution sera poursuivie sur le fondement d'un acte notarié. L'exigibilité peut dépendre de l'application d'une clause de résolution ou de déchéance du terme.

---

[1] La question posée était de savoir si le juge d'instance, investi des pouvoirs du juge de l'exécution en matière de saisie des rémunérations du travail, était compétent pour connaître des contestations relatives à la validité du titre, à sa résolution, à son interprétation, à la détermination de l'étendue exacte des obligations, contestations soulevées à titre de défense à une exécution forcée". La cour répond qu'il appartient au juge de l'exécution "de trancher les incidents de fond soulevés par le débiteur en respectant, lorsque la saisie est engagée sur le fondement d'un acte notarié, les limites fixées par l'avis du 16 juin 1995" (Cass avis 14 février 197: Bull avis n° 2)

Quant à la liquidité, elle suppose, selon l'article 4 de la loi du 9 juillet 1991, qu'elle soit évaluée en argent ou que le titre contienne tous les éléments permettant son évaluation. Or, le contrat ne fournira pas toujours, à lui seul, ces éléments: il a été ainsi jugé qu'un bail notarié ne pouvait pas permettre le recours à une saisie-attribution, dès lors qu'il ne fournit pas les indications nécessaires à l'établissement de la créance dans un "compte définitif de location" non totalement chiffré[1]. De même, une cour d'appel a estimé qu'un prêt bancaire avec indication du plan d'amortissement à respecter pour des remboursements échelonnés ne permet pas de connaître la somme restant due[2]. Dans ces cas, les discussions qui peuvent s'élever, au moment de l'exécution, sur la réalité, le montant et l'exigibilité des sommes dues en vertu du contrat sont de nature, non seulement à retarder les opérations de saisie jusqu'au moment de la décision du juge de l'exécution, mais bien plus à empêcher purement et simplement l'exécution sur la seule base du contrat notarié. Le créancier en sera réduit à agir au fond pour obtenir un titre exécutoire judiciaire.

La différence entre les deux situations n'apparaît pas toujours avec évidence. Tout dépendra de la manière dont le débiteur argumentera et de la plus ou moins grande exigence du juge de l'exécution. On peut imaginer en effet que le débat soit porté sur le terrain des conditions nécessaires pour pouvoir saisir et que le juge estime que l'acte qui lui est soumis ne permet pas d'établir le caractère exigible et liquide de la créance. Mais on peut aussi imaginer que le juge accepte de faire le travail, de vérifier que la déchéance du terme a bien joué et de calculer ce que doit exactement le débiteur. Il n'est pas sûr que les deux attitudes correspondent nécessairement à des situations de fait très différentes[3]: très souvent, sous couvert de révéler la liquidité de la créance, on peut se demander le juge ne va pas en réalité procéder à la liquidation... On ne sait plus très bien alors, si on est en présence de

---

[1] TI Amiens 7 septembre 1995, Rev huissiers 1995, p 1397

[2] CA Douai 8 février 1996 (Jurisdata n° 049480

[3] cf les exemples donnés par M. Goré, L'acte notarié, instrument de l'exécution forcée, Petites affiches 11 août 1997; adde F. Ruellan, Titre exécutoire in Droit et pratique des procédures d'exécution, sous la dir de S. Guinchard et T. Moussa, Dalloz 1999, n 137 s

l'exécution d'un contrat ou, déjà, sur le terrain de l'exécution d'une décision de justice: peut-on mieux illustrer le caractère indissociable des deux concepts?

Rapport de synthèse

par Jacques NORMAND

Professeur à la Faculté de droit et de Science Politique de Reims

Philippe THERY a fait part, hier matin, dans son rapport introductif, de la difficulté qu'il éprouvait à cerner la notion d'exécution. Je le dis en toute amitié, il y avait, dans cet aveu, une bonne part de coquetterie. La suite de son propos l'a prouvé, il avait, dès avant de commencer, surmonté ces difficultés comme en se jouant. Mon tour est venu de faire part de mes difficultés. Difficulté à réaliser la synthèse des travaux très denses et très riches auxquels nous avons participé durant ces tente six heures. Je le dis en toute franchise : il n'y a, dans cet aveu, aucune part de coquetterie.

Le nombre et la qualité des rapports, la pertinence des questions et des réponses qui ont animé les débats, nous ont procuré une masse d'informations et de réflexions entre lesquelles il faudrait de toute nécessité mettre un peu d'ordre, afin d'en dégager les traits essentiels. Mais si l'exercice de synthèse est, en toutes circonstances, redoutable, il l'est ici plus que jamais.

Autour du thème central de l'exécution, nous avons travaillé sous le signe de la diversité. Diversité des droits en présence : droit pénal, droit administratif, droit international, droit judiciaire comparé, droit judiciaire communautaire. Diversité des actes en cause : décisions de justice, contrats en général, transactions en particulier, et autres accords issus des modes alternatifs de règlement des litiges. Diversité des problématiques, surtout. Celle du juge administratif n'est assurément pas celle du juge répressif. Il suffit, pour s'en convaincre, de se remettre en mémoire les communications respectives de Messieurs CHABANOL et CEDRAS. Celle du juge répressif lui-même diffère selon qu'est en cause l'exécution des sanctions patrimoniales ou celle des engagements pris à l'issue d'une composition ou d'une médiation pénale.

Face à cette diversité, dès que l'on croit tenir un trait commun, il s'échappe ou apparaît douteux. Il est en tout cas controversé. Ainsi, l'exécution volontaire d'un jugement ou d'une quelconque obligation relève-t-elle de la contrainte ou de la vertu ? Si la contrainte est manifeste en procédure pénale, et pas seulement d'ailleurs dans l'exécution des décisions, est-elle présente, et sous quelle forme, dans les procédures civiles d'exécution, voire dans toute espèce d'exécution ?

Pour caractériser l'extraordinaire diversité des thèmes de travail qui nous étaient proposés, les qualificatifs se sont accumulés hier. On a parlé de « colloque espiègle », de « colloque buissonnier », de « colloque vagabond ». Personne n'a osé le qualificatif de « colloque papillon » ! Sans contester, bien au contraire, le parti retenu, j'aurais peut-être choisi, mais, dans ma position, mon impartialité aurait été suspecte, des propos plus rugueux.

Mais, restons sérieux ! Il serait aussi injuste qu'inconvenant de prendre nos travaux à la légère et davantage encore de les tourner en dérision. Les acquis doctrinaux de nos entretiens ne sont pas minces. Ainsi doit-on à Philippe THERY d'avoir montré qu'il n'y avait pas de différence de nature entre l'exécution spontanée, d'une part, l'exécution contrainte et l'exécution forcée, de l'autre.[1] L'objectif de celles-ci est bien de parvenir autant qu'il est possible au résultat même qu'aurait procuré celle-là. Entre les trois, la différence serait tout au plus de méthode.

On lui doit également d'avoir mis en évidence les liens qu'entretenait l'exécution avec le droit substantiel autant qu'avec la procédure. Le premier ne se borne pas à fonder l'obligation qui doit être exécutée et à en causer l'exécution. Il commande aussi, dans une large mesure, la forme de cette exécution et singulièrement le choix entre l'exécution

---

[1] Ph. THERY, *supra*, Rapport introductif. Du même auteur, v. également « La place des procédures civiles d'exécution », *in La réforme des procédures civiles d'exécution*, *RTD civ* 1993, numéro spécial, p. 4, n° 10.

en nature et l'exécution par équivalent. La seconde offre les techniques qui encadrent le recours à l'autorité publique. Mais elle est appelée à une certaine modestie. Les « poches d'exécution privée », nous a-t-on montré, ne sont pas négligeables. Les titres exécutoires ne sont pas tous d'origine judiciaire. Sans s'être concertés, André VARINARD et Philippe THERY ont mis en relief, enfin, le retrait relatif du juge.

Est-ce pour faire contrepoids, Pascal ANCEL a, de son coté, détaillé avec une minutie toute stéphanoise ce que les jugements pouvaient, dans les différents cas de figure envisageables, ajouter aux obligations contractuelles dont ils ordonnent l'exécution. Il a montré avec beaucoup de précision que la partie condamnée n'était plus seulement tenue d'exécuter l'obligation dont elle était débitrice. Il lui faut déférer à l'ordre que le juge lui intime et cette obligation qui se superpose à la première est, en elle-même, lourde d'effets.

Au-delà de ces apports fondamentaux, la richesse de notre réflexion collective tient assurément à la diversité que je feignais tout à l'heure de déplorer. Pour caractériser cette richesse, je suis tenté de dire que nous venons de vivre deux colloques dans le temps d'un seul, deux colloques dont les trames se son entrecroisées.

Le premier tendait au rapprochement de *disciplines différentes*. Les disciplines diverses dont a été évoqué tout à l'heure l'éventail. C'est l'aspect le plus délicat. Précisément parce que ces disciplines sont parfois très éloignées les unes des autres.

Le second nous a invités à une étude comparative de *disciplines d'exécution identiques*: le droit allemand, le droit italien, le droit grec et, constamment un pied dans la coulisse et l'autre sur scène, cette semi-arlésienne qu'a constitué notre propre procédure civile d'exécution. Il nous a manqué la relation promise du droit anglais, et l'on peut à tous égards le regretter. Les différences parfois très sensibles qui sont apparues entre ces disciplines posent une série de problèmes spécifiques. Ces différences peuvent, certes, être instructives, et stimuler l'esprit d'imitation, susciter une harmonisation spontanée des procédures civiles d'exécution. Mais elles peuvent révéler aussi des effets pervers. Ce qui rendrait souhaitable, pour conjurer ces derniers, que soit envisagé un rapprochement des droits en cause, une harmonisation provoquée.

Le rapprochement de disciplines différentes, la comparaison entre disciplines identiques, tels sont les deux temps proposés pour notre ultime réflexion.

I. - LE RAPPROCHEMENT DE DISCIPLINES DIFFERENTES

Du rapprochement qui nous a été proposé de procédures différentes ressortent quelques points saillants. Le choix de ces derniers sera à coup sûr subjectif, et j'aurai sans doute à me faire pardonner d'être plus analytique que synthétique, plus sélectif qu'exhaustif. Parmi les nombreux thèmes fédérateurs qui auraient pu être relevés, trois points m'ont personnellement frappé : la place de l'exécution volontaire comme substitut à la contrainte ou à l'exécution forcée (A), l'efficacité variable des titres sujets à exécution (B), la recherche, enfin, de l'effectivité de la décision (C).

A. - L'EXECUTION VOLONTAIRE, SUBSTITUT DE LA CONTRAINTE ET DE L'EXECUTION FORCEE.

Le souhait, en droit privé, est constamment présent que la contrainte et la coercition n'aillent pas jusqu'à leur terme. On voudrait que leur simple perspective ou leurs premières manifestations décident le débiteur à exécuter lui-même ce à quoi il est tenu. Philippe THERY l'a fort bien souligné, dans l'exécution forcée, on espère encore le paiement. D'où la possibilité laissée au débiteur de vendre à l'amiable le bien saisi,[1] de délivrer ou de restituer volontairement le bien frappé de saisie-appréhension,[2] d'autoriser expressément le tiers saisi à payer le créancier saisissant sans attendre l'expiration du délai d'un mois.[3] De cette exécution volontaire, l'on ne saurait dissimuler qu'elle n'a rien de spontané. N'est pas plus spontanée l'exécution personnelle d'une obligation de faire ou de ne pas faire accomplie pour éviter que

---

[1] Art. 52, Loi du 9 juill. 1991 et 107, décr. 31 juill. 1992.

[2] Art. 56, Loi 9 juill. 1991 et 141, décr. 31 juill. 1992.

[3] Art. 58 in fine, Loi du 9 juill. 1991 art. 61 al. 2 décr. 31 déc. 1992.

ne soit liquidée l'astreinte prononcée ou qu'il ne soit recouru à des procédés de satisfaction à l'identique.[1]

Le contentieux de la clause résolutoire de plein droit participe, dans le bail d'habitation, de la même démarche : si le locataire se libère dans le délai et selon les modalités fixés par le juge, la clause de résiliation est réputée ne pas avoir joué. Dans le cas contraire, elle reprend son plein effet.[2]

L'exécution volontaire, Philippe THERY et André VARINARD l'ont tour à tour montré, gagne également et avec des effets comparables, le droit pénal, où son apparition était plus inattendue. Dans le classement sous condition et dans la médiation pénale, par exemple, la réparation du dommage causé à la victime coupe court, au moins en fait,[3] à toute poursuite.[4] Elle peut également justifier l'ajournement de la peine. De même l'action publique n'est-elle pas exercée à l'égard des personnes ayant fait un usage illicite de stupéfiants lorsqu'il est établi qu'elles se sont soumises depuis à une cure de désintoxication ou à une surveillance médicale.[5]

B. - L'EFFICACITE VARIABLE DES TITRES

Sous une formulation faussement naïve, une question tout à fait pertinente a été posée hier matin, celle de savoir s'il existait une hiérarchie entre les titres. Philippe THERY a heureusement répondu que si tous les titres exécutoires étaient également aptes à fonder l'exécution forcée, certains, selon, leur nature, étaient empreints d'une réelle fragilité.

Certes, le jugement lui-même est à l'abri de cette précarité. Passé en force de chose jugée, il ne peut plus, devant le juge de l'exécution, être contesté, ni dans son bien fondé ni dans sa régularité. L'injonction de payer est déjà plus vulnérable. Non signifiée à personne, elle peut

---

[1] Art. 1143 et 1144, C. civ.

[2] Loi n° 89-462 du 6 juill. 1989, art. 24 modifié.

[3] V. *infra* B.

[4] Art. 41-1, C. pr. pén. issu, dans son dernier état, de la loi du 23 juin 1999.

[5] Art. L. 628-1 al. 3 du Code de la santé publique.

encore être frappée d'opposition dans le mois qui suit le premier acte d'exécution. Les actes non-juridictionnels, en revanche, révèlent une bien plus grande vulnérabilité. Deux d'entre eux ont spécialement retenu notre attention.

a) Le titre notarial

Même si le notariat se plaît à faire ressortir les avantages de l'acte notarié sur le jugement, cet acte n'en reste pas moins un fondement fragile des opérations d'exécution. Pour authentique que soit le titre, la validité de l'acte, du *negotium*, peut être contestée pour n'importe laquelle des causes de nullité susceptibles d'affecter tout contrat. Ce n'est pas le cas du jugement. Ensuite, la créance que constate cet acte n'est pas toujours liquide et exigible. L'acte en ce cas ne peut fonder à lui seul la poursuite. Force est de recourir, pour remédier à ses insuffisances, au juge étatique. Enfin, les contestations et actions qui viennent se greffer sur l'acte notarié ne relèvent pas toutes de la procédure simplifiée suivie devant le juge de l'exécution. C'est, dans les cas les plus graves,[2] au juge du fond qu'il faudra demander de statuer. Ce qui constitue un handicap supplémentaire sur le chemin de l'exécution.

Un second acte, mais pour des raisons toutes différentes, se révèle quant à lui d'une efficacité juridique réduite.

---

[1] V. *supra*, P. ANCEL, « Exécution des contrats et exécution des décisions de justice »

[2] Lorsque, à l'occasion d'une mesure d'exécution forcée, le débiteur soulève un moyen de défense qui tend à remettre en cause soit le titre dans son principe, soit la validité des droits qu'il constate (Cass. avis, 16 juin 1995, *Bull. civ. avis,* n° 9, *RTD civ.* 1995. 691, obs. R. PERROT ; 14 févr. 1997, *Bull. civ. avis,* n° 2, *Justices* 1997, n° 7, p. 209, *RTD civ.* 1997, 518, obs. R. PERROT.

b) La transaction issue d'une médiation pénale[1]

Là où il est fait application de la médiation pénale, l'exécution volontaire de ce qui a été convenu avec la victime évite, en principe, le recours au juge répressif. Elle met fin, dans les faits, à l'action publique. Mais elle ne l'éteint pas à proprement parler. Juridiquement parlant, l'affaire ne fait l'objet que d'un classement sans suite. Il resterait loisible au parquet de déclencher des poursuites, même sur les faits considérés, si, par exemple, le prévenu venait à commettre de nouvelles infractions.

Dans les rapports avec la victime, la situation est assez ambiguë, en particulier lorsque la réparation convenue n'est que partielle, ou *a fortiori* symbolique. On ne sait trop si elle éteint l'action civile. On discute du point de savoir si la victime est recevable à agir en exécution.

Il est affirmé, d'une façon générale, que les conditions de la médiation pénale s'accommodent mal d'un juridisme excessif. On est enclin à conclure qu'elle est soumise à un régime pour le moins indécis.

Une troisième idée m'est apparue sillonner le rapprochement des disciplines diverses que nous avons envisagées.

C. - La recherche de l'effectivite de la decision

La remarque peut paraître banale. La recherche de l'effectivité de la décision est l'un des objectifs majeurs de tous les droits de l'exécution, l'autre objectif, comme l'a rappelé Philippe THERY, étant le respect des droits de la partie poursuivie. Mais deux séries de décisions ont révélé, dans cette perspective, un particularisme marqué. Ce sont les décisions du juge administratif, puis celles relevant du contentieux transfrontalier, tour à tour évoquées par Monsieur le Haut Conseiller Daniel CHABANOL et par Madame Alégria BORRAS.

[1] V. *supra,* André VARINARD, « Transaction et médiation pénales : difficultés d'exécution ».

a) Les décisions du juge administratif

Le droit de l'exécution est, en matière de contentieux administratif, une sorte de droit émergent. Un droit qui est apparu il y a trois décennies à peine, et qui s'est formé depuis à petites étapes.

Que l'action de la Section du Rapport et des Etudes (de même que celle du médiateur de la République) ait été efficace, c'est incontestable, mais tout de même assez récent. Cela ne remonte, au mieux, aux années 60. Cette action n'intervient, de surcroît, qu'*a posteriori*.

La loi du 16 juillet 1980 a certes marqué ensuite une avancée décisive. Mais cela était vrai surtout pour l'exécution des condamnations de sommes d'argent. Encore la technique du mandatement d'office n'avait-elle rien de profondément original. Si le paiement n'était pas effectué dans les quatre mois de la notification de la décision, le créancier pouvait demander au comptable assignataire de lui verser les fonds correspondants. La simple présentation du jugement valait ordonnancement. Ce qui n'était pas sans rappeler à l'époque le paiement direct des pensions alimentaires : dans les deux hypothèses la seule présentation du titre exécutoire, en cas de difficultés de paiement, permettait d'obtenir une exécution directe et sûre.

En dehors du mandatement d'office, l'on devait à la loi du 16 juillet 1980 une introduction timide de l'*astreinte judiciaire*. Timide, car elle était à la seule disposition du Conseil d'Etat, et seulement en cas d'inexécution prolongée de décisions exécutoires. Ainsi ne pouvait-elle intervenir qu'*a posteriori*.

La loi du 8 février 1995 a effectivement marqué une nouvelle percée. Elle a doté les tribunaux administratifs, les cours administratives d'appel et le Conseil d'Etat d'un véritable pouvoir d'injonction. Ce pouvoir, et ce n'est pas l'aspect le moins important, est devenu entre leurs mains une arme préventive. La même loi a conforté le pouvoir ainsi reconnu en les habilitant tous à prononcer des astreintes.

Il a été montré hier que le Conseil d'Etat ne répugnait pas à une interprétation audacieuse de ces dispositions. Il reste que l'appareil destiné à garantir l'effectivité des décisions que les juridictions administratives rendent contre les personnes morales de droit public est, somme toute, relativement récent.

La même préoccupation d'effectivité commande les dernières manifestations du droit communautaire touchant au contentieux transfrontalier.

b) Les décisions relevant du contentieux transfrontalier

L'occasion d'une réflexion sur le contentieux transfrontalier nous a été donnée par la Convention de Bruxelles II du 28 mai 1998 concernant la compétence, la reconnaissance et l'exécution des décisions en matière matrimoniale.[1]

Il s'agit, nous l'avons constaté hier, d'assurer la libre circulation des jugements, de faire en sorte que le franchissement d'une frontière par ces derniers n'expose pas ceux qui veulent les faire reconnaître ou les faire exécuter à un nouveau parcours du combattant.

Cette disposition nouvelle doit naturellement être rapprochée de la proposition de Règlement du Conseil rendue publique il y a quelques mois[2] et dont les dispositions devraient se substituer à celles de la Convention de Bruxelles du 28 septembre 1998. Outre la reconnaissance de plein droit, qui n'est nouvelle que pour les conflits matrimoniaux,[3] la Convention et la proposition de Règlement ont en

---

[1] J.O.C.E. C-221 du 16 juill. 1998, p. 1 s. et le Rapport de Mme BORRAS, *eod. loc.* p. 27 s. Sur cette convention, v. notamment B. STURLESE, « Premiers commentaires sur un événement juridique : la signature de la Convention de Bruxelles II », *JCP* 1998.I.145, et, du même auteur « L'extension du système de la Convention de Bruxelles au droit de la famille », *Trav. com. fr. DIP,* 1999, à paraître ; H. GAUDMET-TALLON, « La Convention dite Bruxelles II », *Trav. Com. fr. DIP,* 1999, à paraître ; P. DE VAREILLES-SOMMIERES, « La libre circulation des jugements rendus en matière matrimoniale en Europe », *Gaz. Pal.* 18 déc. 1999, Doctr. p. 15 s.

[2] Com (1999) 348/4

[3] Conv. Bruxelles II, art. 14. V. déjà, s'agissant de la Convention de Bruxelles de 1968, art. 26, dont les dispositions se trouvent reprises par l'article 33 de la Proposition de Règlement.

commun d'alléger considérablement les conditions de l'exequatur. Les motifs de refus de ce dernier sont, par rapport à ce qu'ils demeurent encore dans la Convention de 1968, aménagés de façon restrictive[1].

La proposition de Règlement va plus loin que la Convention sur les conflits matrimoniaux dans le sens de la simplification. Tandis que selon cette dernière (art. 23), et comme le prévoit d'ailleurs la Convention de 1968 (art. 34 al; 2), le juge peut, de lui-même, rejeter la requête dont il est saisi si le dossier lui révèle l'existence d'une cause de refus, la première phase de la procédure serait, dans le cadre nouveau de la proposition, empreinte d'une quasi-automaticité. Le juge ne pourrait plus constater d'office la présence de motifs de non-exécution (art. 37). Ces motifs ne seraient examinés qu'après coup, sur le recours éventuel de la partie contre laquelle l'exécution est recherchée (art. 41).

La remarque en a été faite hier, ce qui a trait à l'exequatur ne concerne pas directement l'exécution. Peu importe, à la vérité. Ce n'est quand même pas étranger à celle-ci. Il s'agit, en effet, de faciliter l'obtention de l'acte à défaut duquel le jugement ne pourrait franchir la frontière pour y être exécuté. Ce qui invite, d'ailleurs, à dépasser le stade de ce franchissement et à se demander comment, une fois la décision devenue exécutoire dans le pays requis, elle y sera effectivement exécutée.

Pour le savoir, il convient d'ouvrir le second volet de notre réflexion d'ensemble, et de porter la réflexion sur la comparaison qu'il nous a été donné de faire entre les procédures civiles d'exécution relevant de différents pays de l'Union européenne.

---

1 V. art. 15, 16 et 23, Conv. Bruxelles II, et art. 42 de la Proposition de Règlement : incompatibilité manifeste avec l'ordre public, conditions de signification de l'acte introductif d'instance à la partie défaillante, inconciliabilité avec d'autres décisions.

II. - LA COMPARAISON DES PROCEDURES CIVILES D'EXECUTION

Comparer les procédures civiles d'exécution des Etats membres de l'Union ne se justifie pas seulement par l'intérêt intellectuel qui s'attache à toute opération de ce genre. La réflexion qu'appelle cette comparaison doit être menée dans une perspective pragmatique.

La libre circulation des titres à laquelle l'on s'efforce de pourvoir en remaniant les conditions de reconnaissance et d'exequatur serait parfaitement vaine si les règles applicables dans certains des Etats membres constituaient, comparées à celles des autres, de véritables entraves à l'exécution normale des décisions. Le risque serait que les créanciers ne fuient les pays dans lesquels le recouvrement des créances se révélerait plus lent, plus onéreux et plus aléatoire qu'ailleurs. Il serait à craindre surtout que les débiteurs astucieux ne se réfugient dans des « enclaves privilégiées »[1] qui préserveraient l'opacité de leur patrimoine et où la complexité des règles d'exécution leur garantirait, pour un temps plus ou moins long, une quasi-immunité d'exécution.

Il faut donc que sur les points critiques les droits concernés se rapprochent, afin d'obéir à une certain nombre de principes et de respecter des valeurs communes, afin d'offrir partout des systèmes aux performances équivalentes.

On ne saurait, en quelques minutes, reprendre un examen qui a déjà donné lieu à de multiples travaux.[2] Au moins peut-on, en partant de ce

---

[1] R. PERROT, « Conclusions » présentées à la « Journée sur le droit des saisies », Liège, 9 déc. 1994, *Actualités du droit, Rev. Faculté de droit de Liège, 1995-2,* p. 540.

[2] V. notamment « Journée sur le droit des saisies », préc. et spécialement, outre les « Conclusions » de M. R. PERROT, les communications de M. le Procureur général E. KRINGS, « Le droit des saisies dans les douze Etats membres de l'Union européenne », p. 313 s. et du Doyen Georges DE LEVAL, « Une harmonisation des procédures d'exécution dans l'Union européenne est-elle concevable ? », p. 483. Cette dernière communication est également parue in *Transnational aspects of procedural law,* Actes du Xème

qui s'est dit au cours de notre colloque et de ce qui s'y serait dit si l'éventail des études comparatives avait pu être plus complet, suggérer quelques pistes de réflexion.

Il faut partir, pour cela, de la constatation que toutes les différences enregistrées ne sont pas du même type. Il se peut d'abord, qu'avec des techniques différentes, l'on parvienne à des résultats voisins. La nécessité d'un rapprochement des droits n'est peut-être pas évidente, dès lors, du moins, que tous les Etats membres sont dotés de techniques permettant d'atteindre le résultat jugé souhaitable (A). Il existe aussi des cas dans lesquels, d'un droit à l'autre, apparaissent des dispositions spécifiques tendant à des fins divergentes ou opposées. La question se pose avec plus d'acuité de l'opportunité du maintien de ces divergences ou de leur résolution (B).

Congrès mondial de l'Association internationale de droit judiciaire, Taormina 17-23 septembre 1995, sous la direction d'Italo ANDOLINA, éd. Giuffrè, Milan, 1998, t. II, p. 729 s. V. encore, sur quelques points particuliers, les communications faites au cours de la même journée liégeoise par G. TARZIA « Les titres exécutoires et le recouvrement des créances dans l'Union européenne », *op. cit.* p. 381 et J. NORMAND, « Les insaisissabilités - Les mesures conservatoires », p. 367.
V. également B. CAPPONI, « Una prospettiva di armonizzazione : il titulo esecutivo europeo », *Documenti Giustizia,* Roma, 1993, 1389 s. ; G. TARZIA, « Prospectives de l'harmonisation des règles relatives à l'exécution forcée dans la Communauté économique européenne », *Riv. di. dir. proc.,* 1994, 205 ; *Possibilities for european enforcement,* Actes du colloque organisé à Helsinki par le Ministère finlandais de la Justice, 17-18 mars 1997, et spécialement P. DE VAREILLES-SOMMIERES, « Le recouvrement des créances de sommes d'argent à l'étranger et les conventions européennes de droit international privé », p. 18 s. ; G. DE LEVAL, « Aperçu du droit de l'exécution dans les Etats-membres de l'Union européenne », p. 66 s. ; M. STORME, « Plaidoyer pour un titre exécutoire européen unique », p. 115 s. ; G. VERNIMMEN, « Présentation des résultats du questionnaire de la Commission européenne sur le titre exécutoire européen », p. 138 s.
Adde « Vers une efficacité accrue dans l'obtention et l'exécution des décisions au sein de l'Union européenne », *Communication de la Commission au Conseil et au Parlement européen, J.O.C.E.* 31 janv. 1998, C.33/03, n°s 22 s, 42 s.

A. - TECHNIQUES DIFFERENTES CONDUISANT A DES RESULTATS VOISINS

a) Exécution forcée des obligations de faire ou de ne pas faire.

Madame Frédérique FERRAND a montré que le système allemand partait du principe de l'exécution en nature[1]. La loi allemande entend s'éloigner le moins possible des obligations initiales des parties. Elle offre au créancier les voies de droit lui permettant d'obtenir l'exécution de ces obligations. Des voies de droit faites d' astreintes, d'un type particulier, au demeurant, puisque le montant en est versé au Trésor public, d'amendes et de contraintes par corps.

Le droit anglais reconnaît également au juge un assez large pouvoir d'injonction.[2] Des injonctions dont l'inobservation est sanctionnée pénalement au titre du *contempt of court* (peines d'amende ou, en cas de récidive, d'emprisonnement).

En France, si le principe est celui que continue de poser l'article 1142 du code civil (exécution par équivalent), en pratique, la condamnation sous astreinte a pris, dans de nombreux domaines, le relais. Elle joue désormais, dans ce type d'obligations, un rôle prépondérant.

Il n'est sans doute aucune raison d'entreprendre ici un effort d'harmonisation. D'autant que, pour des raisons de principe, la France répugne toujours à utiliser le droit pénal aux fins d'assurer

---

[1] *Supra,* Rapport. V. également du même auteur « Les procédures civiles d'exécution en République fédérale d'Allemagne : considérations comparatives », *Revue générale des procédures,* n° 3, jiuill-sept. 1998, p. 541 s., spéc. 563.

[2] N. ANDREWS, Rapport national anglais « Relatif à la force exécutoire des jugements et à l'exécution des décisions judiciaires en procédure civile » (Journée d'études de Liège, préc.) ; G. CUNIBERTI, *Les mesures conservatoires portant sur les biens situés à l'étranger*, thèse Paris I, 25 mai 1998, n° 66 s. ; S. CLAVEL, « *Le pouvoir d'injonction extraterritorial des juges pour le règlement des litiges privés internationaux* », thèse, Paris I, 6 déc. 1999. V. également S. POILLOT-PERUZZETTO, *Guide pratique de la procédure civile anglaise*, Litec 1989, n° 142 s.

l'exécution. Mais au moins conviendrait-il que les droits qui ignorent l'astreinte soient dotés de techniques juridiques équivalentes, ce qui ne semble pas être partout le cas.[1]

b) Les mesures conservatoires

Tous les Etats membres de l'Union ressentent le besoin de protéger le créancier qui n'est pas encore muni d'un titre exécutoire.[2] Le risque est partout le même. Il est de voir l'actif saisissable disparaître avant que le créancier ne soit en mesure de poursuivre l'exécution. Pour ce faire, à peu près tous les pays pratiquent la saisie conservatoire (meubles corporels, comptes bancaires, etc.).

L'Angleterre fait exception. Elle ne connaît pas l'institution des saisies conservatoires. Mais avec la *Mareva injunction*,[3] elle s'est dotée, il y a un peu plus de vingt ans, de quelque chose qui vaille que vaille en tient lieu.

Il s'agissait, à l'origine (1975), d'une injonction judiciaire interdisant au débiteur de déplacer les biens visés hors du ressort de la juridiction. Une véritable jupe, a-t-on dit, était drapée autour de cette dernière. L'instrument s'est ensuite perfectionné. Il a permis, à partir de 1980, de prévenir la dissipation des biens à l'intérieur du même ressort. Il permet aujourd'hui d'empêcher le débiteur de disposer de ses biens dans le monde entier, il sert même à lui imposer de déplacer certains d'entre eux d'un pays dans un autre, du Liechtenstein, par exemple,

---

[1] Le Benelux, la France, l'Espagne, le Portugal, par exemple, ont consacré l'astreinte. Le droit allemand dispose d'une institution équivalente, dont le produit bénéficie au Trésor public, mais à laquelle peut être substituée la contrainte par corps lorsqu'il y lieu de craindre que l'astreinte ne soit pas recouvrée (V. les références citées *supra* note 19).

[2] E. KRINGS, *op. cit.* p. 335 ; J. NORMAND, *op. cit.*, p. 371 s. S'agissant des mesures conservatoires en droit allemand, v. notamment G. CUNIBERTI, *op. cit.* n°s 173.

[3] S. GEE, *Mareva injunction & Anton Piller Relief*, FT Law & Tax, Londres 3è éd. 1995 ; G. CUNIBERTI, *op. cit.*, n° 67 à 156 ; S. CLAVEL, *op. cit.*, n° 142 s.

vers la France,[1] d'un paradis fiscal, autrement dit, vers un lieu de ce point de vue moins paradisiaque.

Ces ordres peuvent s'adresser indifféremment à la partie adverse ou aux tiers, au banquier, par exemple, du débiteur de fonds. La sanction est toujours la même. C'est celle qui frappe le *contempt of court*.[2]

Il n'est guère envisageable d'imposer aux Anglais qu'ils se rallient au Continent. Peut être conviendrait-il, au contraire, de s'inspirer de leur expérience et de leur emprunter l'injonction faite au débiteur de rapatrier ses biens d'un pays vers l'autre. Ces injonctions à effet extraterritorial seraient naturellement sanctionnées d'une astreinte ou de tout autre procédé de contrainte équivalent.[3]

B. - DIVERGENCES AFFECTANT LES FINS POURSUIVIES

Ces divergences-là suscitent à coup sûr de plus amples débats. Deux points ont été plus particulièrement évoqués au cours de nos travaux : la recherche des informations sur la consistance du patrimoine saisissable et la question du privilège du premier saisissant.

a) La déclaration de patrimoine et la recherche des informations sur la consistance et la localisation des biens

Madame FERRAND[4] a parfaitement décrit cette institution allemande qui permet, dans certains cas, de contraindre le débiteur à produire sous serment un état complet de ses biens, obligation dont l'inobservation, a-t-il été souligné, est passible d'un emprisonnement pouvant aller jusqu'à six mois. La Confédération helvétique et la

---

1 *Derby & Co Ltd v. Weldon,*(n° 6) 1 W.L.R. 1139 (C.A.)

2 G. CUNIBERTI, *op. cit.* n° 87 s.

3 Sur la portée extraterritoriale des injonctions judiciaires, v. S. CLAVEL,*op. cit.*

4 V. *supra,* Communication et *Revue générale de Procédure*, *op. cit.* p. 565 s.

Grèce ont introduit des dispositions comparables (lesquelles, en Grèce, du moins, ne sont pratiquement pas appliquées).[1]

La question s'est posée, lors des travaux préparatoires de la Loi de 1991, d'une extension à la France du système de la déclaration de patrimoine. La proposition a été rejetée en raison, notamment (et sans doute principalement) de la répugnance du législateur à faire entrer les procédures d'exécution dans le cycle répressif.[2] Le droit français n'est pas, pour autant, en situation de carence. Mais l'on a préféré un autre système. Il a consisté à confier au procureur de la République le soin de s'enquérir de l'identité de l'employeur éventuel du débiteur et de la domiciliation du compte bancaire de ce dernier (Loi de 1991, art. 43). La portée des investigations est donc sensiblement moindre. Au moins l'essentiel est-il préservé.

Sans doute faudra-t-il entreprendre un jour un effort de rapprochement. A double fin : pour que, dans tous les pays de l'Union, soit aménagé un dispositif minimal de découverte des informations, même s'il faut, pour cela, céder sur certains principes jugés essentiels ; pour que, dans les relations transfrontalières, et devant la facilité avec laquelle se dissimulent les avoirs et circulent les capitaux, soit traitée à fond la question de la communication, d'un pays à l'autre de l'Union, des informations recueillies.[3]

---

[1] V. E. KRINGS, *op. cit.* p. 333, G. DE LEVAL, Communication, Séminaire Helsinki, *op. cit.* p. 74. Rappr., en droit anglais, l'*Anton Piller Order* (1976), qui a pour objet d'enjoindre à une personne de laisser son adversaire pénétrer dans les locaux pour y rechercher les documents désignés dans l'acte judiciaire et, le cas échéant, de les emporter. V. également les *Orders for disclosure of assets*, dont l'objet est d'enjoindre au débiteur ou à des tiers de révéler l'existence et l'emplacement de son patrimoine, que les éléments de celui-ci soient situés en Angleterre ou à l'étranger. G. CUNIBERTI, *op. cit.* n° 163 ; S. CLAVEL, *op. cit.* n° 142, 501 et 508.

[2] R. PERROT, « Conclusions », préc. p. 529 et 532.

[3] V. Communication de la Commission au Conseil et au Parlement européen, « Vers une efficacité accrue... », *op. cit.* n° 48 s.

b) Le privilège du premier saisissant.

C'est là le point sur lequel sont apparues hier après-midi les divergences les plus profondes. Saisir un bien appartenant au débiteur confère-t-il au saisissant un droit de préférence sur l'objet de la saisie ? Les pays de l'Union se divisent, sur ce point, en trois familles distinctes.

1. - Viennent d'abord les pays qui refusent systématiquement ce privilège et procèdent sur le prix du bien saisi et vendu à une distribution au marc le franc. En leur sein, une subdivision s'impose d'ailleurs entre ceux qui ne procèdent à la distribution qu'entre les seuls créanciers qui se sont spontanément manifestés (Grèce et Italie[1]), et la Belgique, qui partage entre tous les créanciers et a institué à cet effet un « fichier des saisies » permettant à tout intéressé de s'informer des opérations entreprises.

2. - Se trouvent à l'opposé des pays tels que l'Allemagne et le Portugal, qui reconnaissent le privilège du premier saisissant. Cette reconnaissance se fonde sur l'idée que la saisie, qu'elle porte sur des meubles corporels ou sur des créances détenues par des tiers, confère au saisissant un droit de gage sur le bien saisi.[2]

3. - La France, quant à elle, participe d'un système mixte. Tantôt, et c'est le cas de la saisie-vente, la mesure ne confère aucun privilège à celui qui en prend l'initiative. Les deniers sont distribués au marc le franc entre les créanciers qui se sont fait connaître. Tantôt, et c'est le cas de la saisie-attribution, l'avantage est reconnu au premier saisissant. La différence est fondée sur des considérations de logique juridique : en cas de saisie-vente, aussi longtemps que le bien n'est pas vendu, il demeure la propriété du débiteur. Il reste par conséquent le gage commun de ses créanciers. Entre ces derniers, il est donc normal que joue la loi du concours. S'agissant de saisie-attribution, les données sont différentes. L'argent nécessaire au règlement du saisissant est là, entre les mains du banquier. Le créancier a un titre exécutoire. Pourquoi différerait-on le moment où les sommes

---

[1] V. *supra,* les interventions de MM. G. TARZIA et K. KERAMEUS.

[2] F. FERRAND, *supra*, Communication et *Rev. gén proc. op. cit.* p. 550.

correspondantes lui doivent être attribuées ? La saisie, comme l'a rappelé hier Philippe THERY, provoque une cession forcée immédiate de la créance, qui passe sans plus d'apprêt dans le patrimoine du saisissant. Ce dernier échappe de ce fait à la loi du concours.[1]

Il est possible de débattre sans fin des avantages et des inconvénients des différents systèmes. On peut s'interroger sur l'opportunité d'un rapprochement entre les droits des pays membres de l'Union. C'est sans aucun doute l'un des points les plus difficiles à régler. Peut-être convient-il d'observer, avec le Professeur TARZIA,[2] qu'une règle qui favorise en tant que tel le premier saisissant avantage forcément les créanciers géographiquement les plus proches, et donc, en fait, les créanciers nationaux. Ce n'est sans doute pas la solution la plus conforme à l'esprit de l'Union européenne.

De toute façon, il ne faut pas se bercer d'illusions. La matière des procédures civiles d'exécution est à coup sûr celle qui se montrera la plus rebelle aux rapprochements de grande ampleur. Pour deux raisons au moins. En raison d'abord de sa territorialité. Elle organise la contrainte sur le territoire de l'Etat. Elle traduit la manière dont ce dernier entend exercer, sur ce territoire, son autorité. Ensuite, et comme l'a fort bien montré dans une autre enceinte le Doyen DE LEVAL,.[3] parce que le droit des saisies se trouve au carrefour d'une multitudes de droits substantiels. Suivant les aspects envisagés, il met en cause le droit des personnes (ex. l'inviolabilité du domicile), le droit des contrats, le droit des régimes matrimoniaux, le droit successoral, le droit des obligations, le droit fiscal, le droit des biens et, plus que tout, le droit des sûretés.

Dans ce contexte, les ambitions doivent être modestes. Les avancées ne peuvent être que ponctuelles et progressives. Chacune d'elles implique un vaste effort de recherche et de réflexion. Il importe de mieux connaître les droits en présence et d'identifier les points critiques afin de dégager en connaissance de cause les solutions

---

[1] V. sur ces différents points, R. PERROT, « Conclusions » préc. p. 539, et G. DE LEVAL, « Journée sur le droit des saisies », *op. cit.* p. 512.

[2] *Riv. di dir. proc., op. cit.* p. 205 s.

[3] *Op. cit.* p. 502.

concrètes qui pourraient être retenues. A la réflexion qui s'impose, le Colloque de Lyon aura vaillamment apporté sa contribution.

606851 - Mai 2015
Achevé d'imprimer par
1livre.com
du rêve à la réalité !

www.ingramcontent.com/pod-product-compliance
Lightning Source LLC
LaVergne TN
LVHW050817061126
851857LV00012B/845